ROYAL HORTICULTURAL SOCIETY
DK GARTENTIPPS

KLETTER-PFLANZEN

ROYAL HORTICULTURAL SOCIETY
DK GARTENTIPPS

KLETTERPFLANZEN

CHARLES CHESSHIRE

Dorling Kindersley

DORLING KINDERSLEY

REIHENBETREUUNG Annelise Evans
REIHENBILDBETREUUNG Ursula Dawson
DTP-DESIGNER Louise Paddick, Louise Waller
PROJEKTBETREUUNG Sarah Coltman

CHEFLEKTORAT Anna Kruger
CHEFBILDLEKTORAT Lee Griffiths

Die Deutsche Bibliothek – CIP-Einheitsaufnahme

Ein Titeldatensatz für diese Publikation ist bei
Der Deutschen Bibliothek erhältlich.

Ein Titeldatensatz für diese Publikation ist bei
Der Deutschen Bibliothek erhältlich.

Titel der englischen Originalausgabe:
Climbing Plants

ÜBERSETZUNG Feryal Kanbay
REDAKTION Helene Weinold-Leipold

ISBN 3-8310-0257-6

Printed and bound by Star Standard Industrie, Singapore

Besuchen Sie uns im Internet
www.dk.com

INHALT

KLETTERPFLANZEN IM GARTEN

WAS IST EINE KLETTERPFLANZE?

KLETTERPFLANZEN entwickeln keinen festen Stamm, um sich selbst stützen zu können. Stattdessen kriechen sie auf dem Boden entlang, bewurzeln sich oft dabei, bis sie eine Mauer, einen Zaun oder eine andere Pflanze gefunden haben, um daran hochzuklettern. Verschiedene Kletterpflanzen haben bestimmte Methoden entwickelt, um sich an unterschiedlichen Oberflächen festzuhalten: Der Efeu zum Beispiel bildet Haftwurzeln, während die Klematis Greifranken hat.

KLETTERGEWÄCHSE PFLANZEN

Kletterpflanzen sind wagemutige und anpassungsfähige Gewächse. Manche, die einjährigen, wachsen nur eine Saison lang, während andere den Garten dauerhaft verschönen. Kletternde Arten werden am häufigsten gepflanzt, um Mauern und Zäune zu bedecken, aber sie lassen sich auch zwischen anderen Pflanzen kultivieren, um sehr interessante Kombinationen zu kreieren. Kletterpflanzen können im Gartenboden oder in Gefäßen, an Klettergerüsten (Bogen, Pergolen), Obelisken, Spalieren oder einfach an einem Zaun kultiviert werden. Wachsen Kletterpflanzen an einem Gebäude, heben sie die Schönheit des Hauses hervor oder kaschieren einen unansehnlichen Anblick. Sogar im kleinsten Garten lässt sich irgendwo ein Klettergewächs unterbringen, zum Beispiel im Topf an einer Kellertreppe oder auf einem Balkon, wo es das Geländer beranken kann.

◄ KLETTERPFLANZE IM KÜBEL *Die Bleiwurz wächst hier in einem Kupferkessel vor einer Mauer, wo sie über den Gefäßrand und an der Mauer hochranken kann.*

WARUM KLETTERPFLANZEN?

- In einem kleinen Garten können Klettergewächse Mauern bewachsen, ohne viel Platz zu beanspruchen.
- Sie wachsen an Gebäuden und anderen Stützen und bieten Sichtschutz oder beranken alte und tote Bäume, die dadurch neuen Reiz erhalten.
- Kletterpflanzen lassen sich an dekorativen Gerüsten wie Bogen, Pergolen, Lauben, Obelisken und einfachen Stäben kultivieren.
- Sie können andere Pflanzen beranken, die zu einer anderen Zeit blühen, und sorgen so länger für einen schönen Anblick.

◄ ROSENBOGEN *Wie schön, sich bei einem Spaziergang so vom Duft der Rosen betören zu lassen!*

Natürliche Wuchsform

Kletterpflanzen haben verschiedene Methoden entwickelt, um sich an ihren Stützen festzuhalten. Die meisten winden sich um eine Stützhilfe wie eine Schlange um einen Ast. Andere bilden besondere Ranken wie die umgestalteten Blattorgane der Wicke (*Lathyrus*), die bis zur nächsten Stützmöglichkeit wachsen, etwa einem Gerüst oder Ast, um sich daran anzuklammern.

Bei der Klematis sind es die Blattstiele selbst, die sich um die Stütze winden können. Andere Pflanzen wie Efeu und Kletterhortensie halten sich mit Haftwurzeln an Mauern, Hausfassaden oder Bäumen fest. Die Jungfernrebe bildet an den Enden rankenähnlicher Triebe Haftscheiben, die fast an jedem Untergrund Halt finden.

> In der Natur dienen Wirtspflanzen Klettergewächsen als Stütze

Dieses Buch geht auch auf kriechende Pflanzen ein, die meist den Übergang zu Kletterpflanzen darstellen, da es sich um Sträucher mit sehr weichen Trieben handelt. Sie bilden entweder einen wirren Knäuel, wenn sie allein wachsen, oder verwenden die verholzte Struktur eines Strauchs oder Baums als Stütze. Durch solche Hilfsmittel können sie ähnliche Höhen wie andere Klettergewächse erreichen.

Klettergewächse mit anderen Pflanzen

Die meisten Kletterpflanzen in der Natur nützen andere Gewächse als Stütze; manche wie Geißblatt und Baumwürger können sogar ihre Wirtspflanzen erdrücken und zum Absterben bringen. Aber wenn die Wüchsigkeit und die Klettermethode Ihrer Kletterpflanzen denen der Wirtspflanzen entsprechen, können Sie mit diesem Arrangement einen wunderschönen Blickfang im Garten kreieren.

In großen Gärten kann eine starkwüchsige Ramblerrose oder Bergwaldrebe (*Clematis montana*) mehr als 10 m hoch werden, wobei ihre Triebe oft über einen hohen Baum in Kaskaden herabfallen. Rostrote Rebe (*Vitis coignetiae*), Hopfen, Glyzine und Schlingknöterich können ebenfalls durch hohe, kräftige Bäume hindurchwachsen, während Efeu meist ganz natürlich an Bäumen hochklettert.
Es wird viel darüber diskutiert, ob man Efeupflanzen daran hindern sollte, da sie ihrem Wirt Schaden zufügen können, aber ein von Efeu umrankter Baum kann im Winter ein herrlicher Anblick sein, bietet den Bienen Nektar im Spätherbst und den Vögeln einen Schlafplatz im Winter. Die Größe und Stärke des Wirtsbaums spielt ebenfalls eine Rolle: Eine starkwüchsige Kletterpflanze kann einen jungen oder kranken Baum ruinieren.

Auf unterer Ebene lassen sich weniger starkwüchsige Klettergewächse an Sträuchern oder auf Staudenrabatten ziehen. Großblütige Klematis und manche Geißblattarten können einen großen und kräftigen Strauch wie Flieder, Falschen Jasmin oder Perückenstrauch

PFLANZKOMBINATION
Die Blätter von Vitis vinifera *'Purpurea' bilden den perfekten Hintergrund für die rötlich purpurnen Blüten der Italienischen Waldrebe.*

◄ KLETTERNDER HOPFEN
Der goldgelbblättrige Hopfen Humulus lupulus *('Aureus') ist eine starkwüchsige Kletterpflanze, die jedes Jahr zurückgeschnitten wird und im Frühjahr hübsches gelblich grünes Laub trägt. Man muss aufpassen, damit die Pflanze das Gebäude nicht beschädigt: Dachziegel können hochgehoben und Dachrinnen verstopft oder zerstört werden.*

▼ TARNUNG
Pflanzen wie Klematis klettern an einem Holzgerüst rund um eine Abfalltonne hoch und kaschieren den Anblick.

und Immergrüne wie Stechpalme und Lorbeer schmücken. Planen Sie die Kombinationen sehr sorgfältig, so dass ein Strauch nach der Blüte weiter Farbe zeigt oder Kletterpflanze und Strauch zur gleichen Zeit blühen. Einjährige Klettergewächse wie Kapuzinerkresse und Schwarzäugige Susanne können in einer Rabatte mit Stauden und Sträuchern wachsen.

Kletterpflanzen als Sichtschutz

Klettergewächse werden häufig als Sichtschutz oder Begrenzung gepflanzt und sorgen nicht nur für Abgeschiedenheit, sondern werden zum Blickfang im Garten. Wenn man Kletterpflanzen an Spalieren oder Drahtsystemen pflanzt, können sie so erzogen werden, dass sie den optischen Eindruck von Gebäuden weicher machen oder unansehnliche Gegenstände kaschieren.

SCHMUCK FÜRS GANZE JAHR

UM EINEN GUT DURCHDACHTEN GARTEN mit einer großen Vielfalt an Pflanzen zu gestalten, sollte man Gewächse auswählen, die nahezu das ganze Jahr hindurch einen schönen Anblick bieten. Ein Blütenflor über zwölf Monate ist kaum möglich, aber viele Kletterpflanzen, die immergrüne Blätter oder dekorative Samenstände tragen, wirken auch im Winter interessant. In einem kleinen Garten ist eine sorgfältige Auswahl ganz besonders wichtig.

FRÜHE PRACHT

Im Winter sollte eher ein attraktives immergrünes Gewächs den Ton angeben, obwohl es einige wenige winterblühende Kletterpflanzen gibt. Für kalte Regionen eignen sich die winterharte *Clematis cirrhosa* und ihre Sorten, die im Winter blühen. Diese immergrüne Pflanze verträgt Temperaturen bis – 14 °C und hat cremefarbene Glockenblüten; die Sorte 'Freckles' bringt zart rosafarbene Blüten hervor, die innen rot gefleckt sind. Die Blüten überstehen leichten Frost und erscheinen von Spätherbst bis Spätwinter. Der Baumwürger trägt mitten im Winter goldgelbe Kapseln an kahlen Ästen, und die Samenstände der Mongolischen Waldrebe *(Clematis tangutica)* halten den ganzen Winter. *Jasminum polyanthum* und einige Kletterpflanzen wie Schwarzäugige Susanne und Glockenrebe, die gewöhnlich einjährig kultiviert werden, blühen in kälteren Gegenden den ganzen Winter, wenn sie in einem

▲ DUFTENDE ELEGANZ
Diese Glyzine hängt von einem Balkon herab: So erfüllen die Blütentrauben eine Sitzecke mit ihrem Duft.

◀ FEINER DUFT
Die wuchskräftige Bergwaldrebe (Clematis montana) *kann durch den richtigen Schnitt an einem Bogen erzogen werden; beim Durchschreiten nehmen Sie ihren süßen Mandelduft wahr.*

◄ SCHATTIGE BANK
Im Sommer bietet die Rostrote Rebe (Vitis coignetiae) *einen angenehm schattigen und kühlen Platz zum Ruhen.*

▼ SIESTA AM NACHMITTAG
Die Blüten der Prunkwinde öffnen sich am frühen Morgen und schließen sich am Mittag, besonders unter der heißen Sonne. Die schnellwüchsige Einjährige klettert mit ihrem windenden Wuchs an Drähten an der Mauer oder an Sträuchern und kleinen Bäumen hoch. Warmes Klima lässt sie stark wuchern.

hellen Gewächshaus überwintern. Im Frühling tragen Alpenwaldrebe *(Clematis alpina)* und Großblütige Alpenwaldrebe *(C. macropetala)* hängende Blüten, die weiß bis rosa, violett und blau sein können; danach blüht die Bergwaldrebe *(C. montana)* bis in den Frühsommer. Die bei weitem eindrucksvollste Kletterpflanze des Frühlings ist jedoch die Glyzine *(Wisteria)*, deren Blütentrauben bis zu 60 cm lang werden können.

Späte Blüten

Im Sommer erreichen die Kletterpflanzen ihren Höhepunkt, wenn Jasmin, Geißblatt und Rosen in Blüte stehen. Die meisten Ramblerrosen blühen nur drei oder vier Wochen lang, während zahlreiche moderne Kletterrosen den ganzen Sommer über immer wieder Blüten bilden. Wenn die ersten Rosen welken, beginnen spät blühende Klematisarten wie *Clematis viticella* (lila, rosa und weiß) und *C. tangutica* (gelb) ihre Blüten zu entfalten. Die Bleiwurz blüht von Sommer bis Herbst, während der Nachtschatten ab Frühsommer weiße und blauviolette Blüten hervorbringt.

SOMMERFARBEN

Im Sommer stehen die meisten einjährigen Kletterpflanzen in voller Blüte. Die Kapuzinerkresse prunkt in Orange-, Rot- und Gelbtönen; die Schwarzäugige Susanne trägt gelbe Blüten mit schwarzer Mitte; die Prunkwinde ist übersät mit blauen Trichterblüten, und die Duftwicken warten geradezu darauf, für die Vase geschnitten zu werden. Die ungewöhnlichen hängenden roten Blüten des Rosenkelchs *(Rhodochiton)* halten bis in den Herbst.

Im Spätsommer tragen Kletterhortensie und Spalthortensie ihre tellerförmigen, cremeweißen Blütenstände. Der Schlingknöterich ist von einer duftigen Wolke aus winzigen, weißen Blüten umgeben. Im Herbst bilden viele Kletterpflanzen lebhaft rot oder weinrot gefärbtes Laub wie Gewöhnliche und Dreispitzige Jungfernrebe sowie Rostrote Rebe und Weinrebe (*Vitis vinifera* 'Purpurea'). Die Scheinrebe *(Ampelopsis brevipedunculata)* trägt kleine Büschel aus blauen Beeren.

EFEU-PFORTE
Großblättrige Formen des Kaukasischen Efeus mögen schattige Lagen, die ganz trocken sein können. Das Laub ist immergrün und verbreitet im Winter gute Laune, besonders diese bunte Form mit cremefarben umsäumten Blättern.

IMMERGRÜNE LIEBLINGE

Die schönsten unter den blühenden immergrünen Kletterpflanzen sind nicht völlig winterhart. Die meisten brauchen einen Standort an einer Mauer in einem geschützten Garten oder in kälteren Regionen in einem Gewächshaus, wo das Laub vor den Auswirkungen des Winters sicher ist. *Holboellia* mit dem üppigen Laub und den duftenden Blüten, die im zeitigen Frühjahr erscheinen, ist ein gutes Beispiel dafür.

Für kühlere Stellen in einem geschützten Garten mit saurem Boden eignet sich der Korallenstrauch *(Berberidopsis corallina)* mit dem auffallenden dunkelgrünen Laub und den roten, beerenähnlichen Blüten im Sommer. Der Sternjasmin *(Trachelospermum jasminoides)* hat hübsches immergrünes Laub und im Sommer kleine, weiße, duftende Blüten.

> Der Herbst ist die Jahreszeit für Früchte wie Trauben, Kürbisse und Hagebutten

Das Japanische Geißblatt *(Lonicera japonica)* gehört zu den besonders winterharten Immergrünen und ist mit seinen kleinen, cremefarbenen, duftenden Blüten äußerst vielseitig. Es blüht bei Vollsonne oder im Halbschatten, kann aber in wärmeren Gegenden stark wuchern. In kälteren Regionen bilden Efeu und Spindelstrauch einen schönen Hintergrund. Viele Klematisarten lassen sich mit diesen Immergrünen kombinieren, so dass der Eindruck entsteht, sie würden Blüten tragen. *Clematis viticella* eignet sich für diesen Zweck besonders gut, weil sie im Winter

▲ FLAUMIGE SAMENSTÄNDE
Manche Klematisarten haben haarige Samenstände, die bis in den Winter halten. Clematis tangutica *trägt im Sommer gelbe Glockenblüten, oft zusammen mit den Samenständen.*

◀ FARBENWECHSEL
Das Laub vieler Reben färbt sich im Herbst in den herrlichsten Schattierungen.

stark zurückgeschnitten wird, so dass keine kahlen Triebe die Immergrünen entstellen.

Blattpflanzen

Der Hopfen (*Humulus lupulus* 'Aureus') wird nur wegen seines goldgelben Laubs im Frühsommer kultiviert. Efeu, Spindelstrauch, Kletterfeige und Klimme sind immergrüne Pflanzen mit unscheinbaren Blüten, deren Blätter jedoch in den winterlichen Garten etwas Farbe bringen. Das lebhaft gefärbte Laub des Kolomikta-Strahlengriffels sieht aus, als wäre es rosa und weiß bemalt worden. Die Gewöhnliche und die Dreispitzige Jungfernrebe sind beide sommergrün und werden ebenfalls wegen ihres dekorativen Laubs, vor allem wegen der herrlichen Herbstfärbung, kultiviert.

Saisonale Höhepunkte

Manche Pflanzen haben mehr als eine optische Eigenschaft. Die Blätter der Weinrebe *(Vitis vinifera)* sowie ihrer Sorten 'Purpurea' und 'Incana' sind im Frühjahr weiß behaart; im Sommer färbt sich diese Behaarung bei 'Purpurea' violett, bei 'Incana' graugrün. Beide werden im Herbst prächtig weinrot und bilden oft saure, aber essbare Trauben. Den Blüten von *Clematis macropetala* folgen silbrige, haarige Samenstände und C. 'Bill Mackenzie' trägt im Spätsommer gleichzeitig Blüten und Samenstände. Die Samenstände sehen bis weit in den Winter hinein sehr dekorativ aus. Manche Ramblerrosen wie 'The Garland' bilden im Herbst Büschel orangeroter Früchte, die noch im Winter an der Pflanze sitzen, bis sie von Vögeln gefressen werden. 'New Dawn' zählt zu den besten Kletterrosen; ihren muschelrosa Blüten, die den ganzen Sommer erscheinen, folgen einige Früchte; auch das glänzende Laub ist sehr schön.

Die sommergrüne Glyzine hat auffallende, sich windende Triebe und eine Fülle herrlich duftender Blüten; die Blätter mancher Formen verfärben sich im Herbst zu einem reizvollen Buttergelb.

WACHSTUMSBEDINGUNGEN IM GARTEN

OBWOHL SICH VIELE KLETTERPFLANZEN unter den verschiedensten Bedingungen problemlos kultivieren lassen, sollte man ihren Bedürfnissen möglichst gerecht werden, um gute Ergebnisse zu erzielen. Die wichtigsten zu beachtenden Punkte sind: Wie winterhart ist die Pflanze (*siehe Porträts S. 57-77*)? Welche Bodenart bevorzugt sie? Wie viel Feuchtigkeit und Licht braucht sie und wie viel Wind verträgt sie?

BODENARTEN

Es gibt verschiedene Böden, die zwischen den zwei extremen Bodenarten einzuordnen sind – dem schweren Tonboden, der im Allgemeinen kalkhaltig ist, und dem leichten, gewöhnlich sauren Sandboden. Sandböden sind meist stark durchlässig und nicht sehr fruchtbar, deshalb sollten Sie für Pflanzen, die Feuchtigkeit und nährstoffreiche Erde benötigen, viel organisches Material in Form von abgelagertem Stallmist einarbeiten. Mulchen mit gehäckselter Rinde, Stallmist oder Kies hilft, die Feuchtigkeit zu speichern, strahlt die Wärme von den Wurzeln ab und unterdrückt das Unkraut, das sonst um das kostbare Nass konkurrieren würde.

Geißblatt ist ein Beispiel dafür, wie unterschiedlich die Ansprüche nah verwandter Pflanzen sein können. Alle Arten fühlen sich in gutem humosem Boden wohl; er ist reich an organischem Material und Feuchtigkeit, die in der Wachstumszeit zur Verfügung stehen. Aber während das Waldgeißblatt *(Lonicera periclymenum)* auf Ton am besten gedeiht, zieht das Toskanische Geißblatt *L. etrusca* trockenere und wärmere Bedingungen vor, und das Japanische Geißblatt *(L. japonica)* fühlt sich in leichtem Sandboden am wohlsten. Alle Geißblattarten sind Flachwurzler und bevorzugen kühle Wurzeln.

> Für die meisten Gartenpflanzen ist ein humoser Lehmboden ideal

Nur wenige Kletterpflanzen vertragen nasse Verhältnisse, aber Rosen, Geißblatt und Kletterhortensie mögen Tonböden, wenn sie einmal eingewachsen sind. Empfindliche Immergrüne leiden in schweren Tonböden, die im Winter wenig durchlässig sind. Staunässe verhindert, dass die Blätter ihre Aufgabe ausreichend erfüllen, besonders wenn der Boden kalt oder gefroren ist; das Ergebnis

KLETTERHORTENSIE
Dieser Selbstklimmer, der sich an einer schattigen Mauer auf fast jedem Boden wohl fühlt, bildet im Sommer tellerförmige weiße Blütenstände.

▲ FRUCHTBARE BÖDEN
Geißblatt, Rosen und Klematis gedeihen, einmal eingewachsen, gut auf Tonböden, die Feuchtigkeit gut speichern.

► KLETTERPFLANZEN FÜR SANDIGE BÖDEN
Die Chinesische Klettertrompete ist ein wuchskräftiger Selbstklimmer, der sich auf Sandböden sogar an der Küste wohl fühlt.

sind Welkheit und Wurzelfäulnis.

Zu den Kletterpflanzen, die leichte Sandböden tolerieren, gehören Trompetenblume, Nachtschatten und *Heliconia*. Kreuzrebe *(Bignonia)*, Gewöhnliche und Dreispitzige Jungfernrebe sowie *Holboellia* wachsen auf den meisten Böden, gedeihen aber sehr gut

DIE VIELSEITIGEN

Diese Kletterpflanzen vertragen verschiedene Bodenarten und Bedingungen im Garten.
Actinidia kolomikta (Kolomikta-Strahlengriffel)
Ampelopsis brevipedunculata (Scheinrebe)
Clematis alpina (Alpenwaldrebe)
Euonymus fortunei var. *radicans* (Kletterspindel)
Hedera (Efeu)
Humulus lupulus (Hopfen)
Jasminum officinale (Echter Jasmin) *und J. polyanthum* (Primeljasmin)
Lonicera (Geißblatt, die meisten)
Muehlenbeckia
Parthenocissus quinquefolia (Jungfernrebe)
Vitis (Rebe; die meisten)

unter diesen Bedingungen. Manche Pflanzen entwickeln sich am besten auf Böden, die Feuchtigkeit speichern und sauer sind, beispielsweise Fingerblättrige Akebie, *Schizophragma*, Kapuzinerkresse, Korallenstrauch und *Lapageria*. Auf kalkhaltigen Böden zeigen diese Pflanzen schwachen Wuchs und gelbe Blätter. Gewächse, die Kalkböden bevorzugen, vertragen normalerweise leicht saure Bedingungen; falls nicht, ist es einfacher, den Boden durch Zugabe von Kalk zu neutralisieren, als ihn sauer zu machen. Klematis gedeiht in der Natur auf kalkhaltigen, alkalischen Böden; im Garten wächst sie jedoch auf jedem Boden, ausgenommen auf extrem saurem. Im Großen und Ganzen schätzen diese Kletterpflanzen Feuchtigkeit speichernde Erde.

Einige Arten vertragen es sogar, Kälte und Wind ausgesetzt zu sein, so Alpenwaldrebe, Efeu, Kletterhortensie und die meisten Ramblerrosen.

Vollsonne und Halbschatten

Die Pflanzen stellen ganz unterschiedliche Ansprüche an das Licht. Manche würden an der prallen Sonne verbrennen, besonders um die Mittagszeit, während andere viel Sonne brauchen, um die Blütenbildung anzuregen, die Früchte reifen zu lassen und kräftige Triebe zu entwickeln, die den Winter überstehen helfen. In verschiedenen Teilen der Erde strahlt die Sonne im Sommer und Winter unterschiedlich intensiv. Eine Pflanze, die in ihrer Heimat, wo die Sonne heiß brennt, lichten Schatten bevorzugt, wird sich in kühleren Klimaten, wo die Sonnenstrahlen weniger intensiv sind, bei Vollsonne ganz wohl fühlen.

Klettergewächse werden oft an Mauern gepflanzt, die Sonnenwärme speichern. Weiße Mauern reflektieren besonders viel Licht, was manchen Pflanzen schadet. Andere wie *Bougainvillea* wiederum können nicht genug Sonne bekommen. Im Winter speichert die Mauer die Wärme am Tage und gibt sie in der Nacht langsam ab. So schützt sie die Pflanzen vor Frost. Man muss jedoch auf die Feuchtigkeit der Erde achten, da der Boden am Fuß einer Mauer trocken sein kann.

Wichtig ist auch die Intensität des Schattens. An einer Hauswand, die keine Sonne bekommt, dürfte der Schatten nicht so stark sein wie unter einem Baum. Aber auch Baumschatten ist nicht gleich Baumschatten. Bergahorn und Buche zum Beispiel werfen einen für die meisten Pflanzen zu tiefen Schatten; gleichzeitig entziehen ihre Wurzeln dem Boden zu viel Wasser. Efeu und Spindelstrauch jedoch eignen sich sehr gut für Vollschatten und vertragen auch trockenen Boden, wenn sie einmal eingewachsen sind.

Stieleiche, Esskastanie und Birke werfen

◄ SCHATTIGE LAGEN
Goldgelb gesprenkelter Efeu Hedera helix *('Goldheart') und Kletterhortensie sind die richtigen Pflanzen für eine schattige Mauer.*

▼ SONNENHUNGRIGE WICKE
Viel Sonne, Feuchtigkeit für die Wurzeln und häufiges Schneiden regen die Duftwicke den ganzen Sommer über zur Blüte an.

LICHTANSPRÜCHE DER PFLANZEN

VOLLSONNE
Actinidia
Akebia
Ampelopsis
Aristolochia
*Bignonia**
*Billardiera**
Bomarea
*Bougainvillea**
Campsis
Clematis armandii
Clematis cirrhosa
Clematis rehderiana
*Clianthus**
*Cobaea**
Cucurbita
Dicentra
*Dregea**
Eccremocarpus
Fallopia
Gelsemium
*Ipomoea**
Jasminum
Lathyrus
Lonicera hier besonders *L. etrusca*
L. × tellmanniana
L. tragophylla
Muehlenbeckia
Parthenocissus
*Passiflora**
Pileostegia
*Plumbago**
Rhodochiton
Rosa
Rubus
Schizophragma
Solanum
*Sollya**
*Thunbergia**
Trachelospermum
Tweedia
Vitis
Wisteria

HALBSCHATTEN
Aristolochia
*Berberidopsis**
Celastrus
Clematis viticella
*Cobaea**
Eccremocarpus
Euonymus
Fallopia
Ficus pumila
Hedera
*Holboellia**
Humulus lupulus 'Aureus'
*Lapageria**
Lonicera
Muehlenbeckia
Parthenocissus
Rubus
Schisandra
Schizophragma
Tropaeolum

SCHATTEN UND MAUERN OHNE SONNE
*Cissus striata**
Clematis alpina
Clematis macropetala
Euonymus fortunei
Hedera
Holboellia
Hydrangea anomola ssp. *petiolaris*
Parthenocissus
Rosa 'Madame Alfred Carrière', 'Mermaid', 'New Dawn', 'Noisette Carnée'

*nicht ganz winterhart

einen lichteren Schatten, und ihre Wurzeln reichen viel tiefer. Diese Bäume bieten ausgezeichneten Schatten für Kletterpflanzen wie Geißblatt, Spalthortensie und Baumwürger. Denken Sie aber daran, dass Sie die Blüten möglicherweise nicht sehen können, bis die Pflanzen eine gewisse Höhe erreicht haben. Viele Klettergewächse wachsen zunächst im tiefen Schatten eine Baumes, doch wenn sie immer höher ranken, bekommen sie in der offenen Baumkrone mehr und mehr Licht. Andererseits klimmen manche Klettergewächse, die absichtlich im Schatten eines Baumes gepflanzt wurden, zur Sonne hin, wo man die Blüten kaum sehen kann.

SCHATTENTIEFE
Die Spalthortensie wächst gut im Schatten; zu viel davon verhindert jedoch die Blütenbildung. Die Schattenstärke hängt von der Intensität der Sonnenstrahlen und dem Klima der jeweiligen Gegend ab.

DUFTENDE KLETTERPFLANZEN

KLETTERGEWÄCHSE MIT DUFTENDEN BLÜTEN eignen sich besonders gut für Eingänge und Bogen oder als blühender Baldachin über einer Bank, wo man sie immer wieder unmittelbar genießen kann. Zum Glück stehen zahlreiche duftende Kletterpflanzen zur Wahl. Oft übertrifft der Duft der Pflanzen Farbe und Form an Wirkung: Unscheinbare Blüten können einen süßen Duft verströmen, der die Luft erfüllt und sogar durch offene Fenster ins Haus wehen kann.

BELIEBTE DUFTPFLANZEN

Zu den beliebtesten Kletterpflanzen zählen duftende Arten wie Rosen, Jasmin und Geißblatt, aber es gibt auch andere wie Glyzine und Klematis sowie die zart duftende Wicke, die den Garten bereichern, wenn sie so platziert werden, dass man den Duft wahrnehmen kann.

Viele Ramblerrosen duften ebenfalls. Die Sorte 'Francis E. Lester' wurde zur Hybridisierung zahlreicher Ramblerrosen verwendet und eignet sich gut für einen naturnahen Garten. Der Duft einer Ramblerrose weht bis zu 50 m weit.

DÜFTE FÜR DEN GARTEN

Sternjasmin *(Trachelospermum)* ist eine immergrüne Kletterpflanze mit einer Fülle von sternförmigen Blüten im Sommer, die von einem herrlichen Duft begleitet werden. *T. jasminoides* und *T. asiaticum* ähneln einander stark, wobei die letztere Art kleinere Blätter trägt und eher winterhart ist. Wegen ihres hübschen Wuchses eignen sie sich sehr gut für Eingangsbereiche. *Holboellia coriacea* ist ebenfalls immergrün und hat kleine, grünlich weiße Blüten. Ihr sehr intensiver Duft kann durch den ganzen Garten und bis ins Haus strömen.

SÄULE MIT GEIßBLATT
Ein Geißblatt kann sich um einen Steinpfosten winden, braucht aber Drahtschlaufen, um befestigt zu werden. Pflanzen Sie mehr als eine Sorte, um die Blühdauer zu verlängern und dem Element unterschiedliche Farbtöne zu geben, aber denken Sie daran, dass es Arten gibt, die nicht duften.

▲ DUFTENDE BLÜTEN
Wenn die Pflanze den richtigen Platz bekommt, kann der berauschende Duft der Glyzine ganz weit fortgetragen werden. Bei richtigem Schnitt bringt sie mehr Blüten hervor.

◄ PARADIESGARTEN
Eine Bank voller Düfte ist ein verführerisches Gartenelement. Schneiden Sie die Rosen so, dass die Ruhenden nicht von den Dornen belästigt werden. Andere duftende Gewächse kann man um den Sitzplatz in den Boden pflanzen, so dass ihr Duft durch herannahende Besucher freigesetzt wird.

Nicht alle Geißblattarten duften. Das Aroma jener, die vom Waldgeißblatt *(Lonicera periclymenum)* und Japanischen Geißblatt *(L. japonica)* abstammen, ist abends am intensivsten. Echter Jasmin und Primeljasmin sind beide ziemlich winterhart und verbreiten einen süßen Duft. *Dregea sinensis* duftet zart und sollte daher vorsichtig platziert werden, um nicht vom stärkeren Parfüm anderer Pflanzen überdeckt zu werden, und die Glyzine, besonders die Chinesische Glyzine, duftet ganz berauschend.

Klematis

Diese beliebte Kletterpflanze kann in einem Garten mit herrlichen Düften aufwarten. Die Bergwaldrebe *(Clematis montana)* verströmt einen Mandelduft, aber die Duftintensität der Sorten ist sehr unterschiedlich. 'Odorata' und 'Fragrant Spring' sind besonders wohlriechend. Im Sommer sind *C. flammula* und die Hybride *C.* x *triternata* 'Rubromarginata' von einer Wolke aus sternförmigen weißen und purpurnen Blüten umgeben, deren Duft sich im ganzen Garten verbreitet. *C. rehderiana* trägt cremefarbene Blüten, die wie Schlüsselblumen riechen.

DUFTROSEN

CLIMBER-ROSEN
- 'Alister Stella Gray'
- 'Climbing Etoile de Hollande'
- 'Climbing Lady Hillingdon'
- 'Gloire de Dijon'
- 'Guinée'
- 'Lawrence Johnston'
- 'Madame Alfred Carrière'
- 'Madame Grégoire Staechelin'
- 'Maigold'
- 'New Dawn'

RAMBLER-ROSEN
- 'Albéric Barbier'
- 'Albertine'
- 'Bobbie James'
- 'Francis E. Lester'
- 'Kew Rambler'
- 'La Mortola'
- 'Noisette Carnée'
- 'Paul's Himalayan Musk'
- 'Phyllis Bide'
- 'Rambling Rector'
- 'Seagull'
- 'The Garland'
- 'Veilchenblau'

KLETTERPFLANZEN IM KÜBEL

KLETTERPFLANZEN IN TÖPFEN sehen meist sehr eindrucksvoll aus, besonders in Innenhöfen oder an einer Balustrade, wo ein- und mehrjährige Gewächse an Spalieren hochranken. Gefäße haben den Vorteil, dass man Pflanzen geeignete Bedingungen bieten kann, wenn der Gartenboden ihren Ansprüchen nicht genügt; *Lapageria* beispielsweise bevorzugt saure Böden und kann in einem Garten mit Kalkboden im Topf gezogen werden. In kalten Gebieten können Kübel mit empfindlichen Arten im Gewächshaus überwintern.

EINJÄHRIGE IN TÖPFEN

Alle in diesem Buch erwähnten Kletterpflanzen eignen sich für Gefäßkultur, wenn der Topf groß genug ist, um der Pflanze während der ganzen Wachstumszeit ausreichend Platz zu bieten. Die Glockenrebe ist wuchskräftig und kann an einem Zaun oder an der Hausfassade erzogen werden. Schwarzäugige Susanne, Rosenkelch und Duftwicke lassen sich sehr schön an Metallgerüsten kultivieren, die man in die Gefäße steckt. Auch Kapuzinerkresse und Kürbis kann man in großen Kübeln ziehen und hängen lassen, wobei sie sich jedoch bis zu 3 m über den Boden ausbreiten können (*siehe Kletterpflanzen als Bodendecker, S. 25*). Beide sind Starkzehrer, also sollten sie während der ganzen Wachstumszeit regelmäßig gedüngt und gewässert werden.

MOBILE ELEMENTE
Die Schwarzäugige Susanne ist eine leuchtend gefärbte Kletterpflanze, die in kalten Klimaten einjährig wächst. Sie kann vor dem ersten Frost ins Haus gebracht werden, damit sie im Winter blüht.

EMPFEHLUNG

Bougainvillea
Clematis (großblütige Formen mit kompaktem Wuchs)
Clematis alpina und *C. macropetala*
Clematis viticella (um eine Stütze führen)
Jasminium
Passiflora (an Klettergerüst ziehen)
Plumbago (Kultur wegen der blauen Blüten, die lange erscheinen)
Rhodochiton
Trachelospermum

▲ BALKONKASTEN
Dieser panaschierte Efeu ist immergrün und hat einen eleganten, hängenden Wuchs. Er mildert die Strenge des Geländers und kann den Winter über auf dem Balkon bleiben.

◄ DUFT AUS DEM TOPF
Echter Jasmin lässt sich im Topf ziehen und kann an einer Stelle platziert werden, wo man die Blüten und den Duft genießen kann.

Mehrjährige in Gefässen

Da mehrjährige Kletterpflanzen oft einige Jahre lang in demselben Gefäß bleiben, ist die Auswahl des Substrats sehr wichtig. Im Allgemeinen sollten Sie eine Erde nehmen, die nicht zu leicht oder zu schwer ist, aber die Feuchtigkeit speichert, denn das Substrat in Töpfen trocknet meist rasch aus.

Für Gefäße eignet sich die Klematis sehr gut, von der viele Arten und Sorten zur Auswahl stehen. Für einen Blütenflor im Frühling sollten Sie eine Alpenwaldrebe *(Clematis alpina)* oder eine Großblütige Klematis *(C. macropetala)* pflanzen. Beide brauchen große Kübel und müssen oft gegossen werden, können aber im Schatten aufgestellt werden, wo weniger Wasser verdunstet. Großblütige Sorten für Frühjahr und Sommer sollten im Hinblick auf Blütendauer und Wuchsform besonders sorgfältig ausgewählt werden.

Viele Klematisarten haben einen hoch aufgeschossenen Wuchs, wobei die Blüten oben an der Pflanze erscheinen. Wenn man die Triebe im Winter um ein Gerüst führt, sind die Blüten später viel gleichmäßiger über die Pflanze verteilt, doch es gibt auch einige Sorten wie 'Niobe' (rot) und 'The Bride' (cremeweiß), die von Natur aus einen kompakten Wuchs haben und lange blühen. 'Prince Charles' (blau) ist hochwüchsig, blüht aber ebenfalls lange Zeit. Nicht verholzende Klematissorten, wie 'Arabella' mit kleinen, blauen, sternförmigen Blüten über den ganzen Sommer, sind ausgezeichnete Topfpflanzen, müssen aber aufgebunden werden, weil sie keine Ranken zum Festhalten

> Ein buntes Arrangement bereitet durch häufiges Gießen und Düngen länger Freude

bilden. Sternjasmin trägt im Frühsommer weiße, duftende Sternblüten; auch Echter Jasmin *(Jasminum officinale)* und Primeljasmin *(J. polyanthum)* eignen sich als Topfpflanzen. Die Passionsblume wächst in Gefäßen sehr gut, *Passiflora caerulea* allerdings ist starkwüchsig und kann sogar für einen riesigen Kübel innerhalb von wenigen Jahren zu groß werden.

GESTALTUNG MIT KLETTERPFLANZEN

AUßER KLETTERPFLANZEN AN UND ZWISCHEN ANDEREN GEWÄCHSEN zu kultivieren gibt es eine weitere Möglichkeit: die Erziehung von kletternden Arten an verschiedenen geeigneten Konstruktionen. An manchen wie Lauben und Pergolen dienen die Pflanzen während der Sommermonate als Schattenspender. Andere Klettergerüste wie Obelisken werden im Garten verwendet, um vertikale Akzente zu setzen.

LAUBEN UND PERGOLEN

Lauben und Pergolen sind ziemlich ähnliche Konstruktionen, und beide können mit Hilfe von bunten, duftenden Kletterpflanzen zu herrlichen Elementen gestaltet werden. Eine Laube ist ein schattiger Zufluchtsort, der meistens aus Holz oder Schmiedeeisen gebaut wird. Mit Kletterrosen oder Bergwaldrebe bewachsen kann sie zu einem Blickfang im Garten werden, wobei die Pflanzen auch noch Schatten spenden. Eine Pergola wird meistens direkt am Haus angebracht, um im Sommer für Schatten zu sorgen. Sie ist die perfekte Stützhilfe für eine Weinrebe, deren Trauben nach unten hängen, aber auch für eine Glyzine, deren lange Blütentrauben zwischen den Balken herabfallen. Eine Pergola kann auch eine Art Laubengang aus Pfosten mit dazwischen gespannten Drähten sein, an denen duftende Klettergewächse wie Rosen, Geißblatt, Klematis und Duftwicke emporklimmen. Solche Gänge werden oft von schmalen Rabatten gesäumt, die eine herrlich bunte Gartenszene schaffen.

> Laubengänge sollten breit genug sein, damit Pflanzen daran wachsen können

BOGEN

Um Kletterpflanzen in Szene zu setzen, kann man Bogen ähnlich wie Lauben und Pergolen verwenden, aber ein Bogen sieht besonders eindrucksvoll aus, wenn er über einem Gartentor platziert und mit duftenden Kletterpflanzen bewachsen ist. Rosen, Klematis und Geißblatt sind ideal hierfür. Einjährige Klettergewächse wie Duftwicken in zusammenpassenden Farben können die kahlen unteren Triebe der Rosen kaschieren.

DEKORATIVE BOHNEN
Feuerbohnen haben schöne Blüten in Rot und Weiß; sie können im Ziergarten kultiviert und mit Stauden und Einjährigen unterpflanzt werden. Lassen Sie sie an einem Spalier oder Netz, an Schnüren oder herkömmlichen Zeltgerüsten aus Stäben hochranken.

◄ SCHATTENPLÄTZE
Pergolen eignen sich im Sommer sehr gut als Schattenspender für Terrassen oder Innenhöfe. Das Wachstum des Efeus müssen Sie im Zaum halten, damit er nicht die Dachrinnen verstopft und benachbarte Gebäude überwuchert.

▼ DUFTBOGEN
Duftende Kletterpflanzen wie Geißblatt sind besonders gut geeignet, um an Bogen erzogen zu werden. Wenn Sie auf jeder Seite des Bogens unterschiedliche Sorten pflanzen, verlängern Sie die Blütezeit.

Obelisken und Pyramiden

Es handelt sich hier gewöhnlich um vierseitige, nach oben schmäler werdende Gerüste, die meist aus Holz oder Schmiedeeisen bestehen. Alle Arten von Kletterpflanzen können an diesen Konstruktionen kultiviert werden, aber man muss darauf achten, dass die Höhe der Pflanze der des Ständers entspricht. Wenn das Klettergerüst zu niedrig ist, lässt sich ein wuchskräftiges Gewächs schwer erziehen. Wenn Pflanzen zu hoch werden, können Sie die neuen weichen Triebe um das Gerüst wickeln. Großblütige Klematis, Geißblatt und Ramblerrosen können auf diese Weise gezügelt werden.
Solche Elemente in einfacher Form kann man selbst herstellen, indem man Stäbe oder Zweige zeltförmig zusammenbindet. Sie werden in den Wintermonaten abgenommen.

Kletterpflanzen in Form schneiden

Es kann Jahre dauern, bis ein Bäumchen im Kübel durch Formschnitt so gestaltet ist, wie Sie es sich wünschen. Ein ähnlicher Effekt lässt sich aber mit Kletterpflanzen – besonders mit immergrünen – und einem Drahtgerüst in viel kürzerer Zeit erreichen. Manche Gerüste sind groß genug, um Erde hineinzufüllen, die mit Netz oder Moos befestigt wird. Dann kann man kleine Kletterpflanzen in dieses Gerüst pflanzen, muss aber ein Bewässerungssystem konstruieren, das die Gewächse ausreichend mit Wasser versorgt. Auch Drahtstäbe können in Töpfe oder Blumenbeete gesteckt werden, um ein Gerüst zu formen.

Für Formschnitt wird Efeu am häufigsten verwendet. Die kleinblättrigen Sorten eignen sich am besten für kleine Formen, während sich die großblättrigen und starkwüchsigen zu Figuren bis zu 5 m Höhe gestalten lassen. Andere geeignete Pflanzen sind Jasmin, Kriechspindel, Muehlenbeckia und Klimme.

▲ WEIN IM HÄNGEKORB
Die Dreispitzige Jungfernrebe (Parthenocissus tricuspidata) *in einem Hängekorb sollte am besten im Halbschatten wachsen. Wenn Sie ausreichend düngen, wird sie einige Jahre halten.*

◄ FORMSCHNITT BEI EFEU
Eine Spirale, eine Doppelkugel und eine Pyramide zeigen die Vielseitigkeit des Efeus, der problemlos in allerlei Formen gebracht werden kann.

SANFTER ÜBERGANG
Der Efeu eignet sich sehr gut, um die Ränder von Stufen zu kaschieren und sanfter zu gestalten. Er kann an der Stellstufe entlang wachsen und muss regelmäßig geschnitten werden, um nicht zu wuchern.

Bodendecker

Die eindrucksvollsten Klettergewächse, die als Bodendecker gepflanzt werden, sind Efeu und Kriechspindel, weil sie sich da bewurzeln, wo die Triebe die Erde berühren. Aber Gewächse wie Efeu neigen dazu, an jeder anderen Pflanze oder senkrechten Fläche, auf die sie stoßen, hochzuranken. Lediglich Irischer Efeu bleibt gewöhnlich am Boden.

Klematis, Kapuzinerkresse, Kletterrosen und -hortensien können sehr eindrucksvoll wirken, wenn sie sich allein oder zwischen anderen Pflanzen über den Boden ausbreiten. *Pileostegia* und Spalthortensie bilden ebenfalls gute Bodendecker, wobei *Pileostegia* kühle, schattige Plätze besonders schätzt.

Schwere Kürbisse müssen auf dem Boden wachsen, weil keine Stützhilfe die Früchte tragen kann: Entweder gehen die Früchte kaputt, oder die Stütze bricht zusammen. Man kann Zierkürbisse im Gemüsegarten auf der Erde kriechen lassen.

> Kriechende Pflanzen mit Früchten sorgen für auffallende Effekte

KRIECHENDE PFLANZEN

FÜR BLUMENKÄSTEN
Hedera helix (Efeu) und Sorten
Manche zwergwüchsigen Efeusorten

FÜR GROSSE KÜBEL
Tropaeolum (Kapuzinerkresse)

FÜR HÄNGE UND HOHE MAUERN
Akebia quinata
Clematis montana
Clematis alpina
Clematis viticella
Clematis texensis
Hedera helix (die meisten Sorten)
Humulus lupulus 'Aureus'
Parthenocissus
Passiflora
Rosa
Trachelospermum
Vitis coignetiae
Vitis vinifera

Kletterpflanzen an Gebäuden

Starkwüchsige Kletterpflanzen können sehr nützlich sein, um unansehnliche Gebäude zu kaschieren oder schlichte Architektur zu schmücken. Man kann sie pflanzen, um harte Kanten abzurunden oder lediglich eine Fassade mit hübschen Blüten zu schmücken. Gebäude aus Ziegel und Stein lassen sich besser bewachsen als die empfindlicheren Holzhäuser, und manche Klettergewächse können zur Gefahr werden, wenn sie unbedacht gepflanzt wurden.

Gebäude verschönen

Man kann ein unansehnliches Gebäude kaschieren, indem man Klettergewächse pflanzt, die keine Stütze brauchen wie zum Beispiel Jungfernrebe. Das ist wichtig bei sehr hohen Gebäuden oder wenn Drahtsysteme oder Spaliere sich schwer anbringen lassen. Auch andere Selbstklimmer wie Efeu und *Pileostegia* kommen in Frage, obwohl die Haftwurzeln einiger Efeuarten weichen Putz oder lockeren Mörtel beschädigen, so dass Feuchtigkeit ins Gebäude eindringt. Diese Wurzeln können auch an Fenster- und Türrahmen anhaften. Wird dann die Pflanze entfernt, geht auch die Farbe ab. Der gewöhnliche Efeu ist besonders berüchtigt und muss von Fallrohren, Dächern, Fenstern und Eingängen ferngehalten werden. Schlingknöterich ist sehr beliebt, wenn man alte Schuppen bewachsen lassen möchte, weil darunter alles oft völlig

DUFTENDE FASSADE
Viele Kletterrosen wachsen aufrecht und eignen sich deshalb hervorragend für Hausmauern, wo man ihre duftenden Blüten am offenen Fenster genießen kann. Nutzen Sie die Vorteile einer warmen, geschützten Mauer, um dort recht empfindliche kletternde Teehybriden zu kultivieren. Durch Düngen, richtigen Schnitt und Ausputzen bleiben sie gesund und blühen lange Zeit. Nehmen Sie eine Leiter oder verwenden Sie eine Gartenschere mit langen Griffen, um schwer erreichbare Bereiche der Pflanze zu schneiden.

▲ DEKORATIV KASCHIERT
Die Glyzine ist wie geschaffen zum Kaschieren unschöner Stellen, kann aber an Fallrohren und auf dem Dach Schäden anrichten.

verschwindet. Aber diese windende Pflanze kann Dachrinnen verstopfen, unter die Dachziegel wachsen und sie hochheben, wenn die Triebe sich ausbreiten. Die Glyzine sieht mit ihren Blütentrauben, die am Haus oder über einem Eingang herabhängen, herrlich aus. Da sie sich jedoch sehr stark windet, kann die Glyzine sogar Dachrinnen und Fallrohre umwickeln und aus ihrer Halterung reißen.

Climber- und Ramblerrosen, Jasmin, *Clematis armandii* und Geißblatt lassen sich gut an Hausfassaden kultivieren, so dass ihr Duft bis ins Haus dringt. Stützhilfen müssen jedoch bereits bei der Pflanzung angebracht werden.

SICHTSCHUTZ

Man kann Kletterpflanzen an Zäunen und stabilen Spalieren hochwachsen lassen, die dann als Sichtschutz dienen. Zu den geeigneten schnellwüchsigen Arten gehören Schlingknöterich und Bergwaldrebe *(Clematis montana)*. Manche Gewächse wie Dreispitzige Jungfernrebe und Kletterhortensie wachsen in den ersten Jahren ziemlich langsam, werden aber im Lauf der Zeit sehr hoch.

▼ TREPPAUF
Ein Treppengeländer im Freien dient als ungewöhnliches »Spalier«, an dem Kletterpflanzen hochwachsen und von dem sie herabhängen.

Wintergarten und Gewächshaus

Der ideale Platz für nicht winterharte Kletterpflanzen ist ein Wintergarten. Ein solcher Garten- und Lebensbereich eignet sich hervorragend zum Überwintern frostempfindlicher Kletterpflanzen, die im Sommer in den Garten umziehen können, um dort Freude zu bereiten. Wintergärten können auch als Gewächshaus dienen, um Sämlinge einjähriger Klettergewächse zu ziehen, bevor sie im Spätfrühling nach den Frösten ins Freie gepflanzt werden.

Schattieren und Lüften

Die Bedingungen in Wintergärten variieren je nachdem, ob es sich um ein Kalt- oder Warmhaus handelt und wie stark im Winter geheizt werden kann. In einem Wintergarten als Erweiterung des Wohnbereiches kann die Luft sehr trocken sein; bekommt der Wintergarten Sonne, herrschen im Winter angenehm milde Temperaturen, während es im Sommer extrem heiß wird. Wichtig sind ein zuverlässiges Bewässerungssystem, das die Pflanzen im Wintergarten versorgt, sowie ausreichende Lüftung oder Schattierung oder beides. Automatische Lüftungssysteme überwachen Temperaturschwankungen, reagieren auf sie und helfen, die Bedingungen im Gewächshaus konstant zu halten; Lüftungsautomaten werden über einen Thermostat geregelt und funktionieren ohne elektrische Energie. In frostfreien Wintergärten oder Gewächshäusern kann man eine thermostatisch zu regelnde Heizung installieren, die sich einschaltet, wenn die Temperatur auf wenige Grad über Null sinkt.

In einem Wintergarten können Sie unter dem Glasdach Wein kultivieren, der natürlichen Schatten bietet. Sie können einen Wintergarten auch so platzieren, dass er nur ein Minimum an Sonne erhält, oder Sie bringen Rollos an.

> In einem hellen, sonnigen Wintergarten bieten Kletterpflanzen natürlichen Schatten

Während Primeljasmin viel länger blüht, wenn er beim Öffnen der Knospen beschattet wird, schätzen viele Wintergartenpflanzen wie *Bougainvillea* viel Sonne und gedeihen in der feuchten Wärme des Gewächshauses besonders gut.

Eine Kletterpflanze, die keine Wärme braucht, ist die Weinrebe. In einem Kalthaus kann man Sorten ziehen, die im Freien nicht ausreifen würden.

KLETTERPFLANZEN FÜR WINTERGÄRTEN
Obwohl sie leichten Frost verträgt, wächst Lapageria rosea *var.* albiflora *am besten im Gewächshaus oder Wintergarten. Sie braucht einen feuchten Platz mit warmem Schatten.*

◄ WEINTRAUBEN AUS DEM GEWÄCHSHAUS
In kühleren Gegenden kann man Weinreben in einem Gewächshaus an Drähten unter dem Dach ziehen. Sie müssen sommers wie winters geschnitten werden, damit Licht einfallen kann und die Früchte Platz haben, sich zu entwickeln. Im Gewächshaus können Bekämpfungsmaßnahmen gegen Schädlinge und Krankheiten notwendig werden.

Nicht winterharte Kletterpflanzen

In manchen Wintergärten und Gewächshäusern werden Beete mit Erde angelegt, die man weitgehend dauerhaft bepflanzen kann. Gerade Wintergärten, die als Anbau konstruiert wurden, bieten oft eine ganze Hauswand, die man mit Kletterpflanzen schmücken kann. Gewöhnlich werden aber Wintergartenpflanzen in Töpfen kultiviert. Der Vorteil der Gefäßkultur ist, dass die Gewächse sich bei Bedarf schnell nach innen oder nach draußen transportieren lassen. Duftende Pflanzen wie *Holboellia coriacae* können ihr Parfüm in dem begrenzten Raum des Wintergartens intensiver entfalten. Jasmin ist wahrscheinlich die beliebteste Pflanze für einen Wintergarten, obwohl winterharte Arten im Freien ebenso gut gedeihen.

In der weitgehend abgeschlossen Atmosphäre eines Gewächshauses oder Wintergartens können jedoch Schädlinge und Krankheiten zum Problem werden. Wenn Ihr Wintergarten auch einen Aufenthaltsbereich umfasst, ist das meist sehr unangenehm. Deshalb sollten Sie vor der Pflanzung alles gut planen. Weiße Fliegen, Schildläuse, Wollläuse, Spinnmilben und Mehltau können wertvolle Pflanzen ruinieren. Topfgewächse sind einfacher zu behandeln, weil man sie ins Freie tragen und dort – außer bei Frost – besprühen oder abspritzen kann.

GEEIGNETE PFLANZEN

Schnellwüchsige Arten für Wintergärten in kühleren Gebieten oder für die Veranda bei gemäßigtem Klima

Actinidia deliciosa
Bignonia
Billardiera
Bomarea
Bougainvillea
Clematis
Clianthus
Dregea
Eccremocarpus
Holboellia
Jasminum polyanthum
Lapageria rosea
Plumbago auriculata
Rhodochiton
Sollya
Thunbergia
Trachelospermum
Tweedia caerulea
Vitis vinifera

PFLEGE VON KLETTERPFLANZEN

GESUNDE PFLANZEN KAUFEN

DIE MEISTEN PFLANZEN werden heute einzeln getopft als so genannte Containerpflanzen angeboten; es gibt allerdings Versandgärtnereien, die auch ballenlose Ware verschicken. Sie sollten darauf achten, dass ballenlose Pflanzen ein gesundes Wurzelsystem haben, und sie sofort einpflanzen: vor dem Auspflanzen in einen Topf, in ein Anzuchtbeet oder direkt an der endgültigen Stelle. Beim Kauf einer Containerpflanze sollten Sie genau hinsehen, ob das Exemplar gesund ist oder nicht.

WORAUF SOLL MAN ACHTEN?

Achten Sie beim Pflanzenkauf darauf, dass die Blätter gesund und neue Triebe zu erkennen sind. Bei sommergrünen oder ruhenden Gewächsen sollten Sie sich die Triebe vom Vorjahr genau ansehen. Bitten Sie den Verkäufer, den Topf zu entfernen – Wurzeln, die gerade bis zur Topfwand wachsen, sind ein Hinweis, dass die Pflanze zum Auspflanzen bereit ist. Auf Pflanzen, deren Wurzeln um die Innenseite des Topfes gewachsen sind, sollten Sie verzichten.

PFLANZENKAUF

- Kontrollieren Sie die Blätter: Gelbes Laub weist auf eine vernachlässigte Pflanze hin.
- Wählen Sie eine Pflanze aus, die noch nicht blüht.
- Kaufen Sie ein Exemplar mit gleichmäßig wachsenden Trieben.
- Beim Versandkauf sollten Sie sich erkundigen, wie die Pflanzen verpackt und geliefert werden.
- Die Wurzeln sollten fest und gut entwickelt sein und Haarwurzeln aufweisen.

▶ GEISSBLATT IM TOPF *Große Pflanzen müssen nicht immer besser sein als kleinere Exemplare, weil sie nach dem Auspflanzen länger zum Eingewöhnen brauchen.*

◀ FARBE UND DUFT *Duftwicke, Kletterrose und Klematis tragen langlebige Blüten.*

So gedeihen Kletterpflanzen

Die meisten von uns lassen sich zum Kauf von Pflanzen hinreißen oder schenken sie Freunden, ohne zu überlegen, wo sie gepflanzt werden könnten und welche Ansprüche sie stellen. Impulsive Einkäufe sollte man aber unbedingt vermeiden. Stellen Sie zuerst fest, wo Sie eine Kletterpflanze brauchen, und suchen Sie dann eine Art aus, die unter solchen Bedingungen wächst. Manche Pflanzen sind anpassungsfähiger als andere.

Auswahl

Rosen und Geißblatt können sich verschiedensten Bedingungen anpassen, während manche Kletterpflanzen wie der Kalk meidende Korallenstrauch besondere Bodenarten und viel Feuchtigkeit bevorzugen. Wenn Sie in der Nähe einer Mauer pflanzen, sollten Sie wissen, dass manche Pflanzen Kletterorgane haben, die eine Ziegelmauer beschädigen können.

EINE GESUNDE PFLANZE
Diese Jungfernrebe hat kräftige Triebe und trägt üppiges, gesundes Laub. Die Blätter sind intensiv grün.

ANSPRÜCHE DER PFLANZEN

- Bodenarten: Manche Pflanzen mögen saure Böden, andere alkalische.
- Sonne/Schatten: In kälteren Gegenden kann Vollsonne ideal sein, bei wärmerem Klima Voll- oder Halbschatten.
- Wasser: Manche Pflanzen bevorzugen fast trockene Böden, andere feuchte.
- Lage: Einige Gewächse vertragen windige Standorte, während andere welken. Salzverträglichkeit ist an der Küste lebenswichtig.

Boden vorbereiten

Wenn Sie eine Rasenfläche bepflanzen wollen, müssen Sie das Gras im Durchmesser von 50 cm an der vorgesehenen Stelle für die neue Pflanze entfernen, weil Gräser mit ihr um wertvolle Nährstoffe und Wasser konkurrieren würden. Außerdem können Pflanzen beim Schneiden des Rasens durch Rasenmäher oder -trimmer beschädigt werden.

▶ PFLANZLOCH AUSHEBEN
Der Boden wird tief umgegraben, wobei reichlich organisches Material wie Kompost, gut abgelagerter Stallmist oder Bodenverbesserer eingearbeitet wird. Achten Sie auf gute Drainage.

▲ MIST
Jedes organische Material muss sich zersetzen, bevor man es einarbeiten kann.

PFLANZKALENDER

FRÜHLING

- Pflanzen Sie Klettergewächse in Containern aus.
- Setzen Sie ballenlose Pflanzen ein.
- Achten Sie darauf, dass sich neue Pflanzen an die Temperaturen im Freien gewöhnen. Schützen Sie weiche Triebe vor späten Frösten im Gewächshaus, oder tragen Sie die Pflanzen nachts ins Haus.
- Winterharte Einjährige wie Duftwicken und Kapuzinerkresse einpflanzen oder aussäen.
- Schneiden Sie im Spätsommer blühende Kletterpflanzen zurück, entfernen Sie alles Tote, Kranke oder Beschädigte.
- Sobald die Knospen erscheinen, düngen Sie mit Stallmist oder konzentriertem Fertigdünger; Flüssigdünger für Topfpflanzen.
- Säen Sie bedingt oder nicht winterharte Einjährige in einem beheizten Frühbeet oder Gewächshaus aus (in wärmeren Gegenden an einem geschützten Platz). Die Sämlinge pikieren und in kleine Töpfe pflanzen.
- Mulchen Sie Feuchtigkeit liebende Pflanzen mit einer 5 cm dicken Schicht gehäckselter Rinde oder Kompost.
- Binden Sie junge Triebe auf, sobald sie sich entwickeln.

SOMMER

- Pflanzen Sie bedingt und nicht winterharte einjährige Klettergewächse erst nach den Frösten in den Garten.
- Gießen Sie neu gepflanzte Klettergewächse, falls nötig, jeden Tag, besonders die im Topf und an der Sonne. Vor allem die Klematis braucht viel Wasser.
- Entfernen Sie welke Blütentriebe von Kletterrosen und frühen großblütigen Klematis, um eine spätere Blütenbildung anzuregen.
- Knipsen Sie die Triebe von in Form geschnittenen oder an Gerüsten wachsenden Pflanzen ab. Entspitzen Sie auch andere Pflanzen, um einen kompakten Wuchs zu fördern.
- Binden Sie lange Triebe auf, bevor sie verholzen.
- Besprühen Sie die Rosen gegen Schädlinge und Krankheiten.
- Schneiden Sie früh blühende Arten gleich nach der Blüte zurück; Sommerschnitt bei Weinreben und Glyzine.

ENTSPITZEN VON WEIN

HERBST

- Tragen Sie im Herbst blühende, bedingt oder nicht winterharte Kletterpflanzen vor dem ersten Frost ins Haus. Dadurch kann die Blüte bis in den Winter verlängert werden.
- Bringen Sie Kletterpflanzen in Kübeln, die nicht winterhart genug sind, um den Winter im Freien zu überstehen, ins Gewächshaus. In wärmeren Gegenden können Sie die Töpfe auf die Veranda stellen. Wählen Sie eine Umgebung aus, die den Mindestansprüchen der Pflanzen entspricht. Manche brauchen Winterruhe; gießen Sie diese nur sparsam, um das Wachstum herabzusetzen.
- Schneiden Sie Kletterrosen zurück, indem Sie einige alte Triebe entfernen. Manche spät blühenden Klematisarten müssen jetzt teilweise zurückgeschnitten werden; im Spätwinter werden sie stark zurückgeschnitten.
- Geben Sie auf die Beete und Rabatten Wintermulch wie Stallmist, der im Frühjahr eingearbeitet werden soll.
- Nicht winterharte Kletterpflanzen, die im Freien überwintern müssen, brauchen Schutz, zum Beispiel aus Jute oder Stroh, das mit Hasendraht befestigt wird.
- Pflanzen Sie winterharte Klettergewächse aus.

WINTER

- Pflanzen Sie bis zum ersten Frost weiterhin winterharte Gewächse aus.
- Kontrollieren Sie den Winterschutz wie Stroh (mit Hasendraht gesichert) oder Jute, den empfindliche Kletterpflanzen

STROH

erhalten.
- Knollen oder Rhizom bildende Klettergewächse wie *Bomarea* und *Tropaeolum speciosum* werden zum Schutz reichlich gemulcht.
- Glyzinen und Wein werden im Winter geschnitten, allerdings nicht bei Temperaturen unter dem Gefrierpunkt. Entfernen Sie bei verholzenden Kletterpflanzen abgestorbenes Holz.
- Nützen Sie die Zeit, um die Kletterhilfen wie Spaliere, Haken und Drähte zu kontrollieren, damit alles gesichert ist, und bringen Sie gegebenenfalls neue Stützhilfen an. Holen Sie bei Bedarf die ganze Pflanze von der Stütze herunter und befestigen Sie sie erneut.
- Behandeln Sie alle Stützhilfen aus Holz mit einem biologischen Schutzmittel.

PFLANZUNG

Die beste Zeit, winterharte Klettergewächse zu pflanzen, ist der Herbst oder das zeitige Frühjahr, während bedingt winterharte Arten nur im Frühjahr oder Sommer gepflanzt werden sollten. Beim Pflanzen sollten Sie die nötigen Bodenverbesserer wie Stallmist, Kompost und Dünger zur Hand haben.

AN EINER MAUER PFLANZEN

Der Boden an einer Mauer ist oft trocken, aber organische Materialien können die Speicherfähigkeit des Bodens für Feuchtigkeit verbessern. Verabreichen Sie vor dem Pflanzen einen ausgewogenen Dünger, und gießen Sie ausgiebig. Setzen Sie die Pflanze 40 cm von der Mauer entfernt ein, und binden Sie sie so auf, dass sie zur Mauer hin wächst.

1 **Graben Sie** ein Loch (45 cm breit und tief oder drei Mal so breit wie die Pflanze).

2 **Setzen Sie** die Pflanze schräg zur Mauer hin ein. Der obere Teil des Wurzelballens muss auf Bodenebene liegen.

3 **Geben Sie** in das Loch Kompost und Gartenerde, drücken Sie die Erde gut an, und wässern Sie gut.

4 **Fächern Sie** die Triebe auf, und binden Sie sie an zwei oder drei Stäben an. Mulchen Sie mit Stallmist oder Rindenmulch.

WO WIRD GEPFLANZT?

Kletterhilfen wie Holzspaliere und Metalllauben müssen häufiger gestrichen oder repariert werden. Setzen Sie die Pflanzen deshalb bis zu 40 cm vom Klettergerüst entfernt ein, damit man sie dann einfach nach vorne ziehen kann. Wenn Klettergewächse an Bäumen oder Sträuchern wachsen, pflanzen Sie den Kletterer am Rand des äußeren Blätterdaches der Wirtspflanze, damit die Gewächse nicht um Nährstoffe und Wasser konkurrieren.

AN EINEM BOGEN PFLANZEN
Setzen Sie an beiden Seiten des Bogens Kletterpflanzen ein. Pflanzen Sie die Kletterer 30 – 40 cm vom Bogen entfernt, um die Pflege zu erleichtern.

Schutz für die Wurzeln

Es empfiehlt sich, am Fuß eines neu gepflanzten Klettergewächses eine Mulchschicht auszubringen, um das Unkraut zu unterdrücken und den Boden vor dem Austrocknen zu bewahren. Besonders die Klematis profitiert davon. Weißer Kies hilft, die Wärme zu reflektieren. Auch Steinplatten und Rindenmulch können verwendet werden, doch darunter verstecken sich oft Schädlinge, die in der Nacht auf die Pflanzen gehen und an Blättern, Blüten und Trieben fressen.

KIESDECKE
Eine Kiesdecke ist für Schnecken nicht sehr einladend. Eine 3 – 5 cm dicke Schicht strahlt Wärme ab, verschafft den Wurzeln Kühle und hält den Boden feucht; Unkraut wird unterdrückt.

RICHTIG MULCHEN

- Bringen Sie das Mulchmaterial etwa 5 cm hoch aus.
- Spezielle Mulchfolien lassen Feuchtigkeit durch, unterdrücken aber das Wachstum von Unkraut. Mulchauflagen aus Kunststoff oder Zeitung können mit Rindenmulch bedeckt werden.
- Materialien wie Stallmist, Kompost und Rasenschnittgut bieten den Pflanzen Nährstoffe und speichern die Feuchtigkeit.
- Steine, Felsbrocken, alte Dachziegel und Kies sind gute Mulchmaterialien, erschweren jedoch das Jäten des Unkrauts.
- Achten Sie immer darauf, dass sich keine Schädlinge unter dem Mulch verstecken.

ORGANISCHE MULCHMATERIALIEN

Es gibt verschiedene Mulchmaterialien. Rindenmulch ist dekorativ und beliebt, aber in nicht kompostierter Form entzieht er dem Boden Nährstoffe, während er sich zersetzt, und macht zusätzliche Düngergaben notwendig. Andere Materialien wie Stallmist oder Kompost wirken auch als Dünger, obwohl bisweilen Unkrautsamen im Kompost zum Problem werden können.

▶ MULCH UM DIE PFLANZE
Eine bis zu 1 m breite Mulchschicht um den Pflanzbereich oder sogar über das ganze Beet verteilt sieht dekorativ aus, düngt die Pflanzen und verhindert die Verdichtung der Oberfläche. Der Bereich um die Triebe muss frei von Mulch sein.

BESPRÜHEN

- Besprühen Sie die Blätter neu gepflanzter Gewächse vorsichtig mit Wasser, damit die Sämlinge nach dem Stress des Einpflanzens frisch und prall bleiben.
- Geben Sie in das Sprühwasser etwas Flüssigdünger.
- Besprühen Sie die Blätter am frühen Morgen, bevor die Sonnenstrahlen das junge Laub verbrennen. Pflanzenschutzmittel spritzt man in der Früh oder am Abend, wenn weder Bienen noch andere Nutzinsekten unterwegs sind.

BESPRÜHEN SIE JUNGE WICKEN.

Bepflanzen von Kübeln

Pflanzengefäße sollten stets die passende Größe haben. Es ist besser, eine Pflanze jedes Jahr in einen größeren Topf umzupflanzen, als ein kleines Exemplar in einen überdimensionalen Kübel zu setzen. Wenn wuchskräftige Gewächse in zu kleinen Töpfen wachsen, verdichten sich ihre Wurzeln und sie gedeihen nicht so gut wie nach dem Umtopfen. Wichtig ist auch das richtige Substrat. Kalk meidende Arten brauchen die entsprechende Erde. Substrate ohne Erde trocknen sehr schnell aus, daher ist eine gute Kübelpflanzenerde vorzuziehen.

1 **Stecken Sie** die Stützstäbe in den Kübel, und füllen Sie ihn zur Hälfte mit Erde; drücken Sie die Stäbe fest.

2 **Setzen Sie** die Kletterpflanze in die Erde. Füllen Sie mit Erde auf, fixieren Sie die Pflanze in einer aufrechten Lage, und wassern Sie gut.

3 **Ziehen Sie** die Triebe auseinander, und wickeln Sie sie vorsichtig um die Stäbe. Sobald sie richtig platziert sind, werden sie an den Stäben festgebunden.

Hängekörbe bepflanzen

Manche Kletterpflanzen kann man sehr gut in Hängekörben wachsen lassen. Sie können an der Unterseite des Korbes platziert werden, so dass sie nach unten hängen. Kapuzinerkresse, Schwarzäugige Susanne, Mini-Kletterrosen und manche Klematisarten eignen sich sehr gut dafür. Efeu, besonders kleinblättrige, panaschierte Formen, kann auf diese Weise in der Sonne oder im Schatten gedeihen.

Es gibt Hängekörbe für drinnen und draußen. Hängeampeln fürs Haus haben eine integrierte Tropfschale oder einen äußeren Behälter ohne Abflusslöcher. Diese Schalen dürfen nicht übervoll werden. Für den Außenbereich können Sie einen großen Korb nehmen, der mit reichlich Substrat gefüllt wird, damit es nicht zu schnell austrocknet. Gewöhnlich müssen Hängekörbe jedes Jahr neu bepflanzt werden.

FEST ANDRÜCKEN
Der Korb muss nach dem Gießen mit etwas Erde aufgefüllt werden. Drücken Sie die Pflanzen erneut fest, und wässern Sie ein zweites Mal.

AN EINEM GERÜST ERZIEHEN

Efeu, Jasmin, Passionsblume und Sorten von *Clematis florida* können um Gerüste erzogen werden, weil sie lange, biegsame Triebe haben. Gerüste aus Draht kann man kaufen, aber es ist ganz einfach, aus kunststoffummanteltem Draht selbst eine Kugel oder einen Kegel anzufertigen. Biegen Sie den Draht in die gewünschte Form, und befestigen Sie ihn mit dünnerem Draht oder einer Schnur. Ein Stab hilft, die Drahtkugel zu stabilisieren.

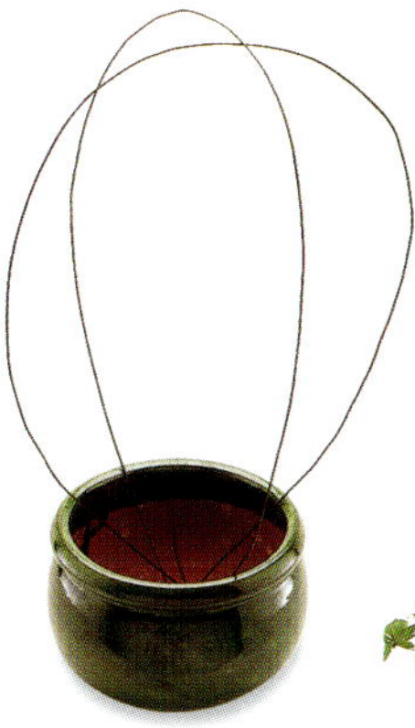

1 **Beschweren Sie** das Drahtgerüst im Topf mit Steinen, um es zu fixieren. Füllen Sie den Topf mit Erde, und setzen Sie die Pflanze in die Mitte.

2 **Wickeln Sie** die Triebe (hier Passionsblume) vorsichtig um die Drähte. Bald halten sie sich mit Hilfe eigener Ranken am Gerüst fest.

3 **Binden Sie** lose Enden an, und schneiden Sie unerwünschte Triebe ab. Knipsen Sie zu lange Triebe ab, um neuen Wuchs zu fördern.

SO ENTSTEHT EINE EFEU-PYRAMIDE

Der Efeu lässt sich hervorragend zu Kegeln oder Pyramiden formen. Für einen kleinen Topf nehmen Sie eine sehr kleinblättrige Sorte. Der Efeu hält starken Schnitt und das Abknipsen zu jeder Jahreszeit gut aus. Frostbeständige Gefäße können im Winter im Freien stehen, aber junges Laub wird in kalten Wintern schnell braun. Efeupflanzen mögen es kühl; bei zu viel Wärme trocknen sie aus.

EFEU AM GERÜST
Ziehen Sie die jungen Triebe durch die Drähte hindurch, wenn sie sich entwickeln. Durch Entspitzen können Sie den Wuchs der Pflanze fördern.

PRAKTISCHE TIPPS

- Wählen Sie ein Gefäß aus, das der Größe der Pflanze entspricht.
- Kübelpflanzen müssen regelmäßig gedüngt und gewässert werden. Flüssigdünger ist einfach anzuwenden, Blattdüngung führt zu glänzendem Laub.
- Übermäßig gewachsene Pflanzen können ganz zurückgeschnitten werden; die neuen Triebe werden jedes Frühjahr neu erzogen.
- Setzen Sie eine Pflanze, die nur wenige oder keine neuen Triebe bildet. Setzen Sie mit frische Erde wieder in denselben Topf.

KLETTERTECHNIKEN

DIE MEISTEN KLETTERPFLANZEN verfügen über biegsame Triebe, die sich um Zweige und Äste anderer Pflanzen winden, aber einige haben ganz spezielle Methoden entwickelt, um sich an ihren Stützen festzuhalten. Manche wie Efeu bilden Haftwurzeln, mit deren Hilfe sie sich am Untergrund verankern. Andere besitzen umgebildete Blattorgane wie Greifranken, oder ihre Blattstiele winden sich wie Ranken. Ohne Stütze würden kriechende Pflanzen lockere, strauchartige Hügel bilden.

JEDER KLETTERPFLANZE DIE PASSENDE STÜTZE

Bevor Sie sich entscheiden, welche Art von Stütze Sie für eine Kletterpflanze verwenden, sollten Sie wissen, wie die Pflanze klettert. Pflanzen, die Haftwurzeln und -scheiben bilden, brauchen keine Kletterhilfe. Andere, die feine Triebe und Blattranken haben, benötigen Stützhilfen wie Drahtsysteme, Kunststoffmaschendraht, Zweige oder Bambusstäbe. Kriechende und windende Arten oder solche mit windenden Trieben oder hakenförmigen Dornen müssen an Kletterhilfen aus stabilem Draht oder an Spalieren befestigt werden.

PRAKTISCHE TIPPS

- Spaliere sollten stabil genug sein, um das Gewicht einer ausgewachsenen Kletterpflanze zu tragen. Eine Glyzine zerbricht filigrane Konstruktionen.
- Drähte müssen so stark sein, dass sie nicht nur einen Ast, sondern die ganze Pflanze stützen können, wenn sie die Mauerkrone erreicht und herabhängt.
- Haken und Nägel müssen an der Mauer fest angebracht werden; wenn nötig, nehmen Sie Bohrmaschine und Dübel zu Hilfe.

SPROSSRANKEN
Wenn diese zu Ranken umgebildeten Seitentriebe sich um die Stütze gewunden haben, ziehen sie sich zusammen und fixieren so die Pflanze.

SPREIZKLIMMER
Die Dornen der Bougainvillea *(im Bild) und anderer Klettergewächse schützen die Pflanze vor Feinden und helfen ihnen, sich an anderen Pflanzen festzuhaken.*

HAFTSCHEIBEN
Diese verzweigten, rankenartigen Umbildungen (hier bei Parthenocissus*) tragen berührungsempfindliche Scheiben, die fast an jedem Untergrund haften.*

RANKENDE BLATTSTIELE
Junge Blattstiele sind so umgebildet, dass sie sich während der Entwicklung zu großen Blättern um dünne Zweige und Drähte oder sogar umeinander winden können.

WINDENDE ARTEN
Bei dieser häufigsten Kletterform (hier Jasmin) winden sich die Pflanzen fast um jede Konstruktion, mit der sie in Berührung kommen, und zwar je nach Art links- oder rechtswindend.

HAFTWURZELN
Diese Haftwurzeln (hier bei Efeu) halten sich an jedem Untergrund außer Glas fest und können lockeren Mörtel und Putz beschädigen.

BLATTRANKEN
Diese umgebildeten Blattorgane (hier Wicke) haben sich zu Ranken entwickelt. Wie echte Ranken ziehen sie die Pflanze gleich einer Sprungfeder an die Stütze.

PFLANZENLISTE

SPROSSRANKEN
Ampelopsis, Cissus, Passiflora, Vitis

SPREIZKLIMMER (KRIECHEND)
Bomarea, Bougainvillea, Celastrus, Clianthus, Jasminum, Plumbago, Rosa, Rubus, Solanum

HAFTSCHEIBEN
Cissus, Parthenocissus

WINDENDE BLATTSTIELE
Clematis, Rhodochiton, Tropaeolum

LOCKER WINDEND
Berberidopsis, Billardiera, Cucurbita, Lapageria, Muehlenbeckia

STARK WINDEND
Actinidia, Akebia, Aristolochia, Campsis, Celastrus, Dregea, Fallopia, Gelsemium, Holboellia, Humulus, Ipomoea, Jasminum, Lonicera, Schisandra, Sollya, Thunbergia, Trachelospermum, Tweedia, Wisteria

SELBSTKLIMMENDE HAFTWURZELN
Campsis, Cucurbita, Euonymus, Ficus, Hedera, Hydrangea anomola subsp. *petiolaris, Pileostegia, Schizophragma*

BLATTRANKEN
Bignonia, Cobaea, Dicentra, Eccremocarpus, Lathyrus

KLETTERHILFEN ANBRINGEN

DIE MEISTEN KLETTERHILFEN lassen sich mit Hilfe von Hammer, Schraubenzieher, Bohrmaschine und einer Leiter problemlos aufstellen. Achten Sie darauf, dass das gewählte Material stabil ist und eventuelle Wandflächen für Schrauben und Nägel fest genug sind. Besondere Vorsicht ist beim Errichten von Klettergerüsten an Gebäuden angebracht, wo eine Leiter nötig ist. Mieten Sie in solchen Fällen die geeignete Ausrüstung, oder beauftragen Sie einen Fachmann.

DIE AUSRÜSTUNG

Die einfachste Ausrüstung umfasst Nägel oder Drahtklammern und leichten, kunststoffüberzogenen Draht. Metallösen sind für Stein- und Ziegelmauern zu empfehlen, wobei man Löcher bohren und zur Sicherung Dübel verwenden sollte. Manche Formen werden mit dem Hammer in weichen Mörtel geschlagen. Kunststoff- oder Metallmaschendraht kann man auch verwenden, aber die Pflanzen sind dann schwer zu pflegen. Maschendraht und Spaliere werden auf Latten angebracht, damit die Pflanze Platz hat, sich um die Stütze zu winden.

SCHNUR

METALLÖSEN

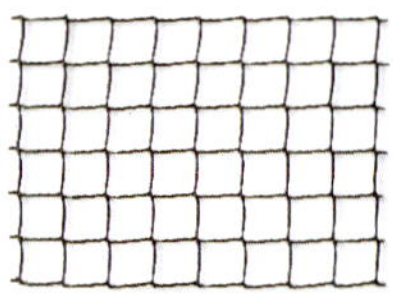

PLASTIKMASCHENDRAHT

DRAHT

MASCHENDRAHT ANBRINGEN
Weitmaschiger Draht fällt kaum auf und lässt sich an Holzzäunen einfach anbringen.

METALLÖSEN
Bringen Sie Reihen von Metallösen an, und spannen Sie entlang der Ösen Drähte.

HOLZSPALIER

- Ein Holzspalier bleibt viele Jahre an Ort und Stelle und sollte stabil genug sein, um eine ausgewachsene Pflanze zu tragen; verwenden Sie daher starke Latten.
- Schrauben Sie 5 cm starke Latten an die Wand, und befestigen Sie das Spalier an diesen Latten. So hat die Pflanze Platz, um durch das Spalier zu wachsen; außerdem ist die Pflege des Spaliers einfacher. Bringen Sie es mit Haken und Scharnieren an, damit es zur Pflege leicht abgenommen werden kann.
- Spaliere können unbepflanzt schöne Elemente darstellen, wenn man Spiegel anbringt.
- Frei stehende Spaliere sollten an der Basis gesichert werden.

HOLZSCHUTZMITTEL
Weichholzspaliere müssen mit Holzschutzmittel gestrichen, Harthölzer wie Teak, Zeder und Redwood sollten jedes Jahr eingefettet werden.

BAU EINES ZELTGERÜSTS

Zeltgerüste eignen sich für einjährige, leichte Kletterpflanzen wie Duftwicke *(Lathyrus)* und spät blühende Klematis besonders gut. Sie können aus Bambusstäben oder einfachen Pfählen bestehen, die mit Schnur oder Draht zusammengebunden werden. Dann werden die Stäbe spiralförmig mit Schnur oder Draht umwickelt und zum Gerüst geformt.

1 **Binden Sie** 12 oder mehr Weidenruten an der Spitze zusammen. Verdrehen Sie 3 oder 4 dünne Weidenzweige umeinander, und flechten Sie sie spiralförmig ein.

2 **Weben Sie** die verdrehten Weidenruten unter und über den Staken durch, um das Zelt nach Belieben weit oder eng zu gestalten.

3 **Binden Sie** die Enden mit der Schnur fest. Das untere Ende der Staken sollte so weit frei bleiben, dass Sie das Zelt fest in den Boden drücken können.

AM BOGEN ERZIEHEN

Ein Bogen ist ein ausgezeichnetes Element über einem Gartentor oder am Übergang von einem Teil des Gartens in einen anderen. Der Bogen sollte breiter sein als der Weg, damit die Pflanzen auf der Innenseite wachsen können. Bogen können aus Holz, Schmiedeeisen oder aus kunststoffummantelten Metallrohren bestehen. Sie können auch aus Weidenzweigen oder frisch geschnittenen Bambusstäben hergestellt sein. Auch Leitungsrohre aus Plastik, Kupfer oder Stahl lassen sich zu Bogen verarbeiten. Lange, frisch abgeschnittene Weidenruten, die in den Boden gesteckt werden, können sich bewurzeln und später einen lebenden Bogen bilden. Die Kletterpflanzen für einen Bogen sollten Schnitt vertragen und nicht übermäßig wachsen. Wenn Sie Kletterrosen pflanzen, vergessen Sie die Dornen nicht!

RUSTIKALER BOGEN
Schnittgut von biegsamen Pflanzen wie Weide und Bambus kann verflochten und zu einem Bogen als Stütze geformt werden.

Allgemeine Schnittmassnahmen

Man schneidet Klettergewächse zurück, um gesunde Pflanzen zu erhalten, die reich blühen. Manche Arten müssen nie geschnitten werden, wenn sie an Bäumen oder anderen unerreichbaren Stellen hochwachsen, oder sie passen sich natürlich an und brauchen nur wenig Aufmerksamkeit. Oft jedoch werden die Pflanzen zu groß und müssen deshalb geschnitten werden, während andere sich schlecht entwickeln, so dass man altes Holz abschneiden muss, um neuen Wuchs zu fördern.

Routinearbeiten

Zur Anregung der Blütenbildung und für eine gesunde Pflanze werden Kletterpflanzen gewöhnlich ein oder zwei Mal im Jahr geschnitten, und zwar entsprechend der Blühperiode und der Wuchsform der Pflanze. Im Allgemeinen schneidet man im Frühjahr blühende Kletterpflanzen gleich nach der Blüte zurück, während sommerblühende Arten im Frühjahr vor dem Austrieb geschnitten werden. Der Erhaltungsschnitt kann bei sommergrünen Pflanzen im Winter (nach dem Laubfall), bei immergrünen im Frühling ausgeführt werden. Pflanzen, die dünne, wirre Triebe bilden, kann man mit der Gartenschere abschneiden, während man für dickes, altes Holz eine Astschere oder Baumsäge braucht.

WECHSELSTÄNDIGE AUGEN
Kappen Sie Triebe mit wechselständigen Augen immer schräg, und zwar dicht über einer Knospe.

GEGENSTÄNDIGE AUGEN
Triebe mit gegenständigen Knospen werden knapp über dem Augenpaar gerade abgeschnitten.

NEUER TRIEB
Um einen neuen Trieb zum Wachsen anzuregen, kürzen Sie den alten bis zu einem kräftigen Seitentrieb. Schneiden Sie über der Blattachsel.

TOTES HOLZ
Abgestorbenes oder durch Frost beschädigtes Holz bis zu den gesunden Trieben einkürzen.

AUSPUTZEN
Manche Pflanzen sind dankbar, wenn alte Blütentriebe entfernt werden, um weitere Blütenbildung anzuregen (hier Bougainvillea*).*

SCHNITT BEI EINGEWACHSENEN KLETTERPFLANZEN

Durch regelmäßigen Schnitt bleibt eine eingewachsene Kletterpflanze gesund und wird zur Bildung von mehr Blüten und Früchten angeregt. Sie sollten unbedingt darauf achten, dass der Luftaustausch um das Klettergerüst ausreichend ist, um Krankheiten vorzubeugen, dass schwache und dürre Triebe entfernt werden und die Pflanze sich wohl geformt entwickelt. Wenn Sie Triebe vollständig abschneiden, werden am Grund neue Triebe gebildet, aber durch zu starken Schnitt kann das Blattwachstum auf Kosten der Blüten gefördert werden.

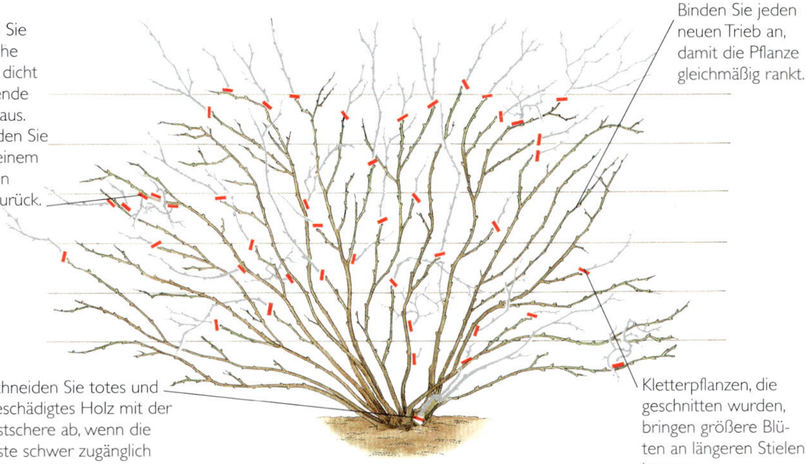

VERJÜNGUNGSSCHNITT

Kletterpflanzen, die zu groß geworden sind und vernachlässigt wurden, sind oft kopflastig und voller toter Äste und bilden weniger Blüten. Wenn die Pflanze mehr abgestorbenes als lebendes Holz aufweist, ist es besser, sie zu entfernen und eine junge, wuchskräftige zu pflanzen. Ansonsten kann man die Pflanze im Winter oder zeitigen Frühjahr vorsichtig von der Kletterhilfe entfernen und durch Schnitt verjüngen.

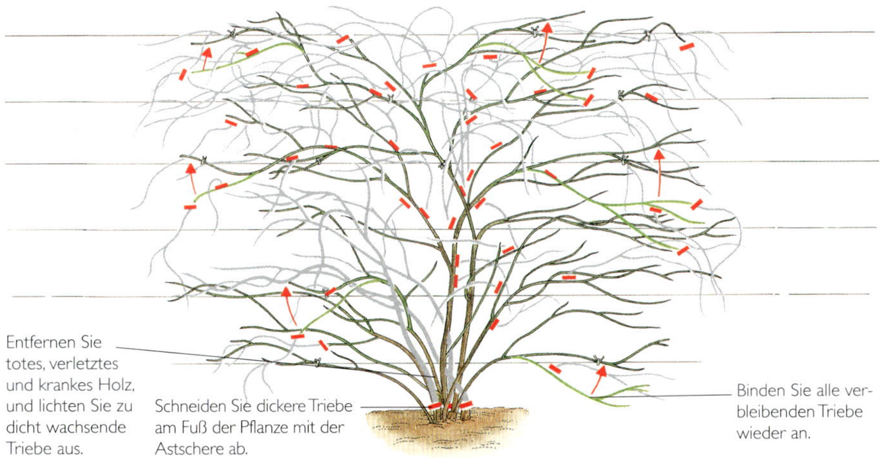

Glyzinen und Weinreben

Glyzine und Weinrebe werden ähnlich geschnitten, weil beide Pflanzen Blütenstände aus dichten Büscheln bilden, die nah am Haupttrieb sitzen und aus denen sich später Früchte entwickeln. Das Geheimnis des Erfolges bei dieser Art von Kletterpflanzen liegt darin, dass sie zwei Mal im Jahr geschnitten werden, um die Blütenbildung zu fördern. Die gleiche Methode kann auch bei Apfel- und Birnbäumen angewandt werden und steigert den Fruchtansatz deutlich.

Wann und wie wird die Glyzine geschnitten?

Wenn Sie eine junge Pflanze von fünf oder sechs Jahren besitzen, sollten Sie zunächst für eine gute Struktur sorgen, besonders wenn sie an der Hausmauer wächst, wo die Pflanze gesunde, kräftige Äste braucht. Da diese Triebe alle Blütenknospen tragen, ist es wichtig, sie richtig und sicher anzubinden. Glyzinen blühen im Alter von sieben oder acht Jahren zum ersten Mal.

Der erste Schnitt erfolgt im Sommer, wobei man die langen, biegsamen Triebe um zwei Drittel ihrer Länge einkürzt. Dann schneiden Sie diese Triebe zur Wintermitte – nicht bei Frost – erneut auf zwei oder drei Knospen zurück. Jetzt beginnen die Blütenstände sich zu entwickeln. Wird nur ein Mal im Jahr geschnitten, bildet die Glyzine lediglich viele weiche Triebe und nur wenige Blüten. Bei einem älteren, richtig geschnittenen Exemplar, das im Frühjahr blüht, werden die gleichmäßig verteilten Blüten nicht von dichtem Laub verdeckt.

SCHNITT UND ERZIEHUNG

Binden Sie im Sommer die Triebe, welche die Grundstruktur bilden, sicher fest. Entfernen Sie alle überflüssigen Triebe. Zwei Monate nach der Blüte werden die langen Triebe um zwei Drittel bis auf fünf oder sechs Knospen eines Haupttriebes eingekürzt.

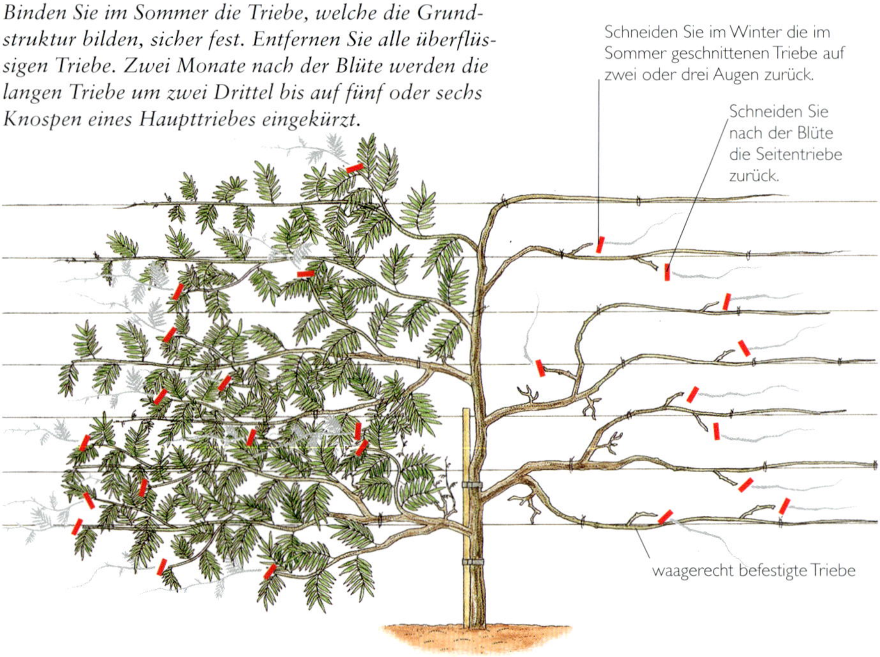

Weinreben schneiden

Die meisten Weinreben erfordern wie die Glyzine zwei Schnitte pro Jahr. Die unten dargestellte Schnittmethode bezieht sich auf Blütenstände und Ruten und kann auf viele andere Kletterpflanzen angewandt werden – auf kleine Gewächse an einer Mauer ebenso wie auf große Pflanzen an einer Pergola. Der Winterschnitt muss zur Wintermitte ausgeführt werden, wenn die Weinrebe nicht im Saft steht, sonst »bluten« die Triebe.

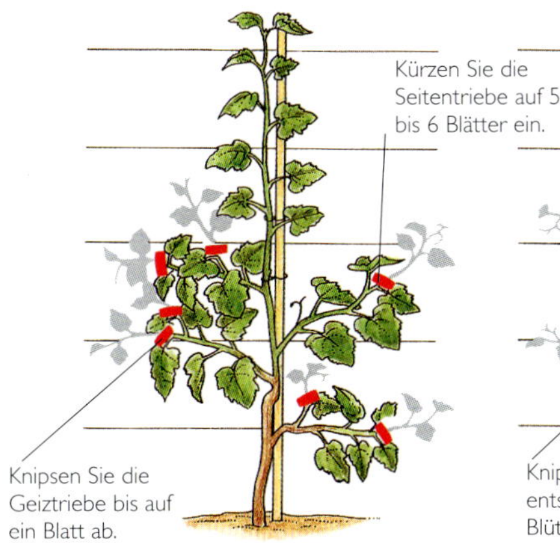

1. JAHR, SOMMER

Wenn Sie einen Haupttrieb oder mehrere Triebe aufgebunden haben, können Sie mit dem systematischen Aufbau beginnen.

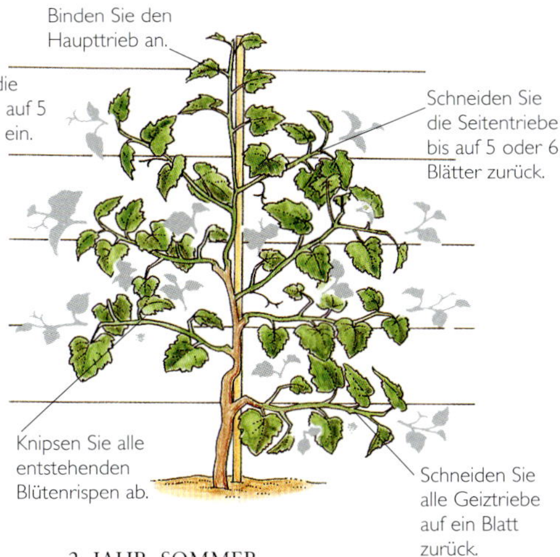

2. JAHR, SOMMER

In der ersten Zeit sollte man alle Blüten und Früchte entfernen, denn sie können die Form verderben und die Wuchskraft bremsen.

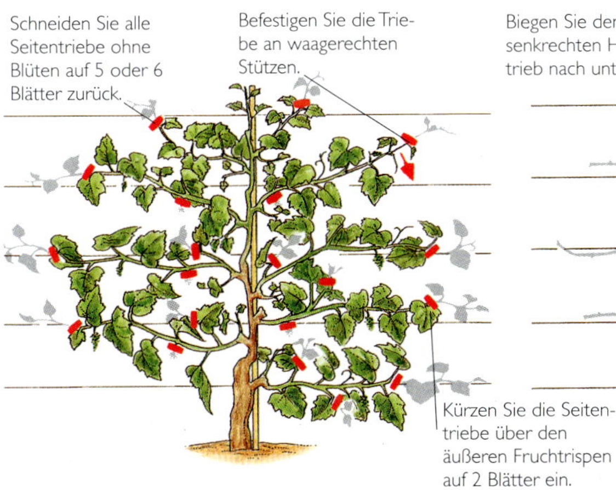

EINGEWACHSEN, SOMMER

Der Sommerschnitt von eingewachsenen Weinreben umfasst das Auslichten und das Einkürzen aller Geiztriebe, um die Entwicklung der Blütenstände (Gescheine) zu fördern.

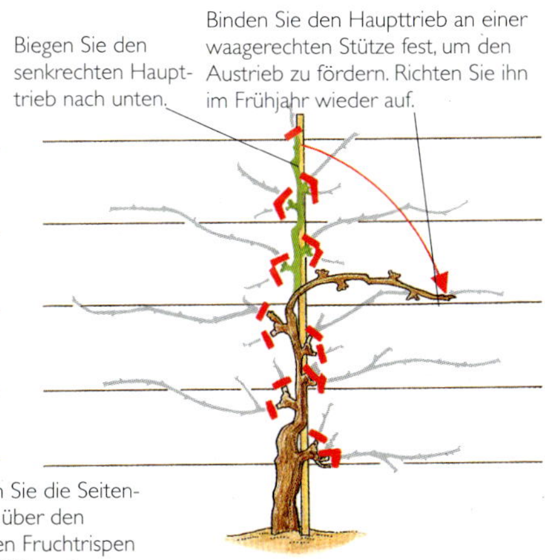

EINGEWACHSEN, WINTER

Alle Seitentriebe sollten bis auf ein oder zwei Augen zurückgeschnitten werden; wenn die Augen zu dicht stehen, werden sie ausgedünnt. Der Schnitt erfolgt in der Wintermitte.

ROSENSCHNITT

VIELE KLETTERROSEN stammen von Beetrosen ab. Sie klettern nicht von selbst, und die langen, biegsamen Triebe müssen angebunden werden, wenn die Pflanze an einer Mauer wächst. Die festen, langen Triebe von Ramblerrosen lassen sich an einer Mauer mit Fenstern und Türen meist schwer erziehen, sehen aber sehr eindrucksvoll aus, wenn sie durch Bäume wachsen und mehrere Jahre nicht beachtet werden. Im Allgemeinen brauchen sie gelegentlich oder jedes Jahr einen Schnitt.

WANN UND WIE WERDEN ROSEN GESCHNITTEN?

Viele Climberrosen sind öfter blühend, während die meisten Ramblerrosen nur ein Mal pro Saison blühen. Sie werden gewöhnlich im Herbst geschnitten. In kälteren Regionen sollte man den Schnitt jedoch auf das zeitige Frühjahr verschieben, bevor die Knospen sich entwickeln, weil manche Rosen für Winterschäden empfänglich sind und altes Holz ruhenden Knospen am unteren Teil der Pflanze Schutz bietet. Ein Schnitt im Hochsommer fördert die Entwicklung junger, weicher Triebe, die der Winterkälte nicht widerstehen. Wird zu spät im Frühjahr, nach der Knospenbildung, geschnitten, kann sich die Blüte verspäten. Aber ein Rückschnitt nach dem ersten Flor kann die Bildung später Blüten und neuer Triebe anregen.

Schneiden Sie mit einer Gartenschere knapp über einer Knospe. Die Schnittfläche verläuft schräg nach unten.

DER RICHTIGE SCHNITT
Ein sauberer Schnitt ist wichtig, weil Rosentriebe sehr schnell absterben können.

VERJÜNGUNGSSCHNITT
Alte Rosentriebe werden nach und nach entfernt, um die Entwicklung neuer Triebe anzuregen. Schneiden Sie dicht an den Verzweigungsstellen der Äste vom Haupttrieb. Suchen Sie kräftige Knospen oder Triebe aus, und schneiden Sie knapp darüber.

Schneiden Sie altes Holz mit einer Astschere ganz dicht an einem jungen Trieb ab.

PRAKTISCHE TIPPS

- Verwenden Sie nur scharfes Werkzeug, denn durch stumpfe Klingen wird das Holz leicht gequetscht, was Krankheiten fördert.
- Lassen Sie beim Schneiden keine Zapfen stehen.
- Schneiden Sie im Herbst, in mildem Klima im Winter.
- In kalten Regionen wird im Frühjahr geschnitten.
- Schneidet man nach der Entwicklung der Knospen, so verzögert sich die Blüte.
- Entfernen Sie welke Blüten, um die Blühdauer zu verlängern, besonders bei Climberrosen.
- Schneiden Sie nach dem Hochsommer welke Blüten nicht mehr ab, damit keine neuen, frostanfälligen Triebe entstehen.
- Halten Sie den Boden um die Rosen im Herbst frei von Falllaub, um Sternrußtau und andere Krankheiten zu verhindern.
- Halten Sie Ausschau nach Wildtrieben, die gewöhnlich unterhalb der Veredelungsstelle an der Unterlage austreiben, und reißen Sie sie ab. Sonst wird die Hauptpflanze geschwächt.

Kletterrosen an der Mauer erziehen

An Mauern erzogene Kletterrosen brauchen öfter einen Verjüngungsschnitt, weil sie schnell lange Triebe bilden, die nur oben Blüten tragen. In diesem Fall sollten kräftige Seitentriebe gefördert werden, die in der Nähe der Pflanzenbasis entspringen. Neue Triebe blühen besser, wenn man sie waagerecht erzieht und die Triebspitzen beschneidet.

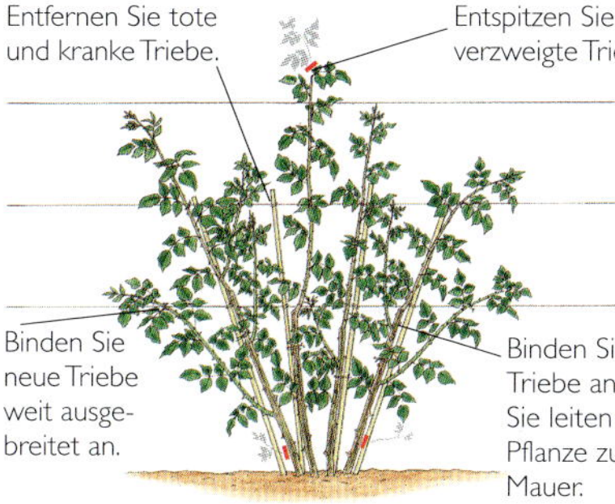

1. JAHR, SOMMER

Zum Sommerschnitt gehören das Entspitzen, um die Verzweigung zu fördern, und das Ausbreiten der Triebe für eine gute Form.

NACH DEM EINWACHSEN, HERBST

Eingewachsene Kletterrosen müssen häufig verjüngt werden, weil alte Triebe nach 3 – 4 Jahren nicht mehr blühen.

Eingewachsene Ramblerrosen

Ramblerrosen bringen nur ein Mal im Sommer Blüten hervor. Sie haben biegsamere Triebe als die Kletterrosen und können zu besonderen Formen gebogen und gewunden werden (*siehe S. 53*). In einem Wildgarten brauchen sie keinen Schnitt, aber bei wenig Platz können alte Triebe nach der Blüte entfernt werden, um neuen Trieben zu weichen.

SCHNITT

- Der Schnitt erfolgt nach der Blüte.
- Binden Sie neue und biegsame Triebe an.
- Kürzen Sie die Seitentriebe ein, um die Blütenbildung zu fördern.
- Nach einem radikalen Schnitt sollte die Rose reichlich gedüngt werden.

SCHNITT BEI KLEMATIS

SIE SOLLTEN KEINE SCHEU HABEN, eine Klematis zu schneiden, nur weil diese Gattung in drei Schnittgruppen entsprechend den verschiedenen Blütezeiten unterteilt wird. Die Gruppe 1 umfasst alle Arten und deren Sorten, die im zeitigen Frühjahr blühen. Zur Gruppe 2 gehören die großblütigen Hybriden, die im Frühsommer und manchmal erneut im Spätsommer blühen. Zur Gruppe 3 zählen alle spät blühenden Arten und Sorten.

WANN SCHNEIDEN?

Gruppe 1, die wenig Schnitt benötigt, wird gleich nach der Blüte geschnitten, um die Bildung neuer Triebe anzuregen. Bei Gruppe 2 sollte man bis zum zeitigen Frühjahr warten, bis die Knospen sich entwickeln. Gruppe 3 kann von Winter bis Frühjahr fast jederzeit stark zurückgeschnitten werden; manche Arten jedoch schneidet man auch im Spätwinter bis zu den neuen Trieben, sobald diese sich entwickeln.

ZWEI MAL BLÜHENDE KLEMATIS DER GRUPPE 2
Diese Gruppe umfasst alle großblütigen, gefüllten und einfachen Formen, die im Frühsommer und manchmal später wieder blühen. Sie müssen im Frühjahr leicht geschnitten werden.

WIE WIRD GESCHNITTEN?

Gruppe 1: Schneiden Sie die Pflanze nach der Blüte nur, wenn sie zu groß geworden ist. *Clematis montana* sollte stark zurückgeschnitten werden.

Gruppe 2: Achten Sie auf große, kräftige Knospen, die sich zu Blütentrieben entwickeln. Lichten Sie alte Triebe und Blütentriebe vom Vorjahr aus.

Gruppe 3: Die Blüten entwickeln sich nur an diesjährigen Trieben. Daher erfolgt der Rückschnitt vor dem neuen Austrieb im Frühjahr, wobei das alte Holz bis auf einige kräftige Knospen auf 15 – 30 cm über dem Boden entfernt wird.

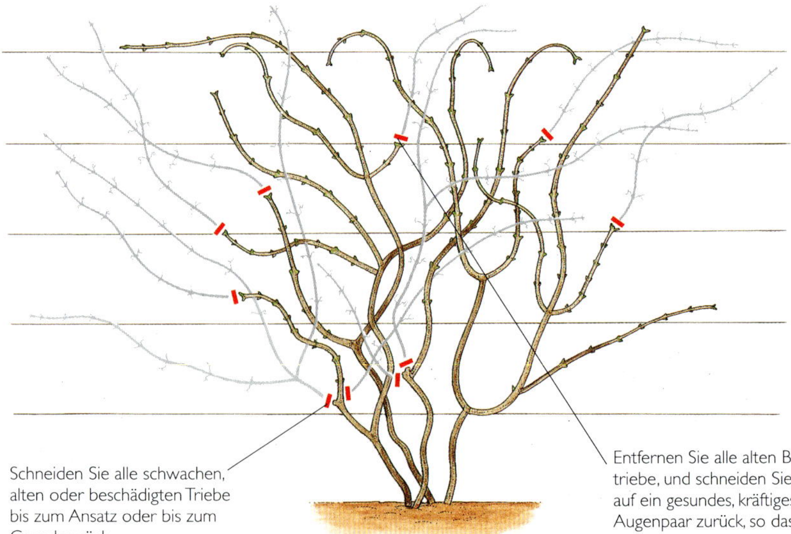

Schneiden Sie alle schwachen, alten oder beschädigten Triebe bis zum Ansatz oder bis zum Grund zurück.

Entfernen Sie alle alten Blütentriebe, und schneiden Sie bis auf ein gesundes, kräftiges Augenpaar zurück, so dass eine gleichmäßig wachsende, kräftige Pflanze übrig bleibt.

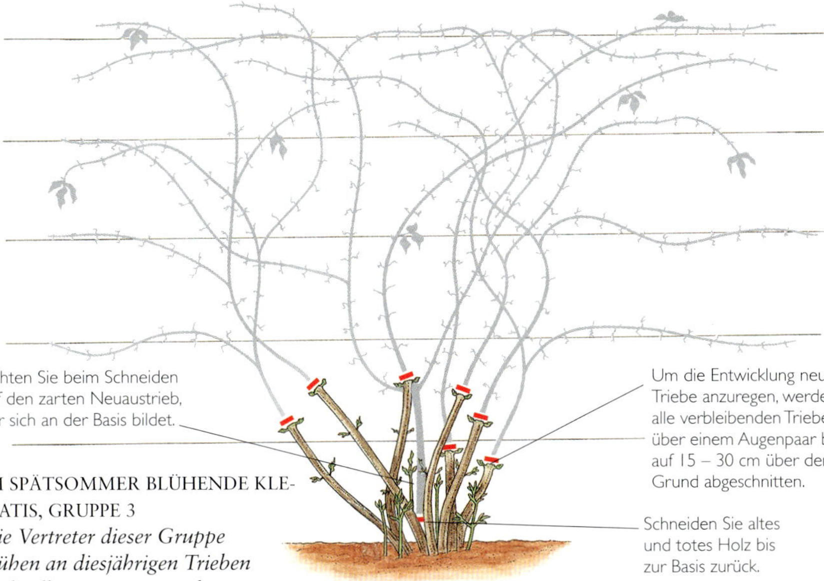

IM SPÄTSOMMER BLÜHENDE KLEMATIS, GRUPPE 3
Die Vertreter dieser Gruppe blühen an diesjährigen Trieben und sollten im Winter oder Vorfrühling geschnitten werden.

ÜBERMÄẞIG GEWACHSENE C. MONTANA, GRUPPE 1
Pflanzen dieser Gruppe können geschnitten werden, um sie zu bändigen und zu verjüngen, wenn sie weniger Blüten bilden.

Erziehen und Anbinden

Ob einjährige, krautige oder verholzte mehrjährige Kletterpflanze – die Erziehung und das Anbinden der jungen Triebe am Anfang sind unerlässlich, um eine schöne Struktur zu formen. Manche Klettergewächse verheddern sich schnell untereinander oder mit anderen Pflanzen; waagerecht erzogene Exemplare bilden mehr Blüten und Früchte als solche, die senkrecht wachsen. Verwenden Sie Gerüste, die sich für die jeweilige Art eignen und für eine ausgewachsene Pflanze stabil genug sind.

Erziehung an einem Obelisken

Ein Obelisk kann von zwei Kletterpflanzen bewachsen werden. Obwohl die Erziehung zweier Pflanzen mit unterschiedlichen Schnittmethoden schwierig sein kann, lassen sich damit phantastische Effekte erzielen. Jede Pflanze braucht eine andere Behandlung. Verholzte Arten sollten waagerecht erzogen werden, krautige Kletterpflanzen eher senkrecht.

1 **Erziehung** Pflanzen Sie an den Ecken Passionsblumen, und binden Sie ihre Seitentriebe an. *Clematis viticella* wird in die Mitte gepflanzt und mit Hilfe von Schnüren aufgeleitet.

2 **In voller Blüte** Die Passionsblumen entfalten sich, bevor die Klematis die Spitze erreicht hat, so dass die Klematis nicht unter zu viel Schatten leidet.

3 **Zeitiges Frühjahr** Kürzen Sie die Passionsblumen bis zu den Seitentrieben ein. Schneiden Sie die Klematis bis auf 30 cm über dem Boden stark zurück.

Heckenanlage

- Geißblatt kann zusammen mit Immergrünen gepflanzt werden, weil es oft schon blüht, bevor die Hecke geschnitten wird.
- Klematis füllt und verschönt große Hecken, aber viele blühen später und können beim Schneiden der Hecke hinderlich sein.
- Pflanzen Sie an großen Hecken die früh blühende *Clematis macropetala* und die spät blühende *C. viticella*.
- Der immergrüne Efeu kann andere strauchartige Pflanzen überwuchern und eignet sich gut für sommergrüne Hecken wie Weißdorn *(Crataegus)*.
- Einjährige Kletterpflanzen wie die Prunkwinde brauchen gute Konditionen, wenn sie mit der Hecke um Wasser, Licht und Nährstoffe konkurrieren müssen.

Erziehung an einer Pergola

Eine Pergola besteht aus mehreren senkrechten Stützbalken, die oben durch Traghölzer oder Pfetten miteinander verbunden sind. Zwischen den Pfetten werden Holzsparren angebracht oder Drähte gespannt. Die Klettergewächse werden nahe der Basis jedes Stützbalkens gepflanzt; einige sollen diese Balken verkleiden, während andere über das Dach wachsen und eine Schatten spendende Blätterdecke bilden.

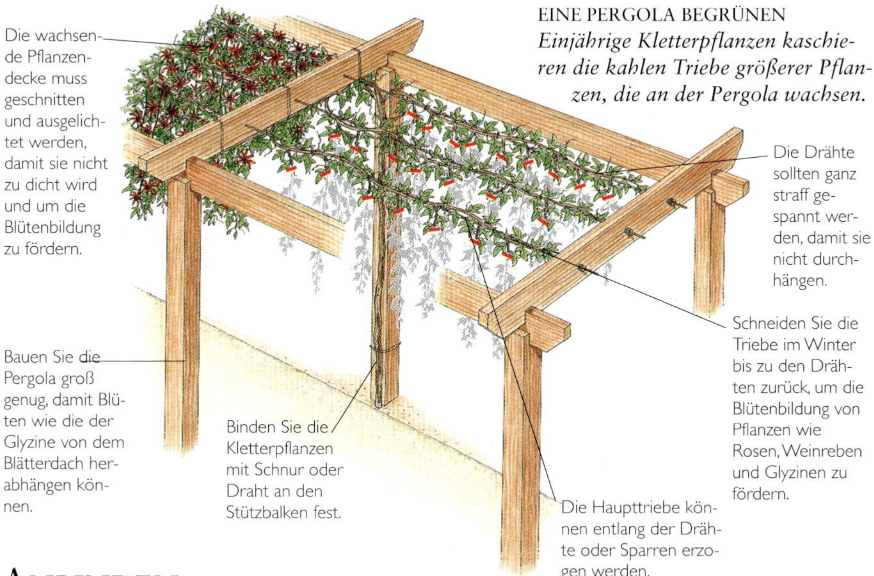

EINE PERGOLA BEGRÜNEN
Einjährige Kletterpflanzen kaschieren die kahlen Triebe größerer Pflanzen, die an der Pergola wachsen.

Anbinden

Es gibt verschiedene Bindematerialien: Naturbast, Kunstbast, Kokosgarn (für Bäume) und Baum-Anbinder aus Kunststoff oder aus Draht mit Schaumstoffummantelung. Verwenden Sie für mehrjährige Pflanzen ein Material, das sich lockern lässt, weil zu fest angezogene Drähte die Triebe strangulieren können, wenn diese an Umfang zunehmen.

1 **Dirigieren Sie** die Pflanze mit Hilfe eines schräg gestellten Bambusstabes zur Stütze hin.

2 **Breiten Sie** die Pflanze gleichmäßig aus und binden Sie die Triebe locker an, damit sie genug Platz zum Wachsen haben.

3 **Binden Sie** eine Schnur in Form einer Acht, damit sich der Trieb nicht an der Stütze wund reiben kann.

KLETTERPFLANZEN ALS HOCHSTAMM ERZIEHEN

Kletterpflanzen als Hochstämme bieten einen interessanten Anblick und sehen sehr eindrucksvoll aus, wenn sie in einer Rabatte oder allein inmitten einer Kiesfläche wachsen. Besonders die Glyzine kann wie ein kleiner, gewundener Baum wirken. Hochstämme benötigen eine Stützhilfe in Form eines Stabes aus dauerhaftem Material wie Weichholz, Hartholz oder Schmiedeeisen. Auf diesen Stäben können zusätzlich Gerüste angebracht werden. Für Trauerrosen gibt es spezielle schirmförmige Gerüste, aber für kleinere Exemplare reicht auch ein umgedrehter Hängekorb. Pflanzen, die auf den Schnitt der Seitentriebe ansprechen, eignen sich am besten, aber verzichten Sie auf langwüchsige Arten mit Ranken, da sie eine unschöne Form bilden.

GEEIGNETE PFLANZEN

Actinidia kolomikta
Bignonia capreolata
Bougainvillea glabra
Campsis radicans
Hedera helix (viele Sorten)
Hydrangea anomola ssp. *petiolaris*
Hydrangea seemannii
Jasminum polyanthum
Lonicera japonica
Lonicera periclymenum
Pileostegia viburnoides
Plumbago auriculata
Schizophragma hydrangeoides
Solanum crispum
Solanum laxum
Trachelospermum jasminoides
Vitis vinifera
Wisteria floribunda
Wisteria sinensis

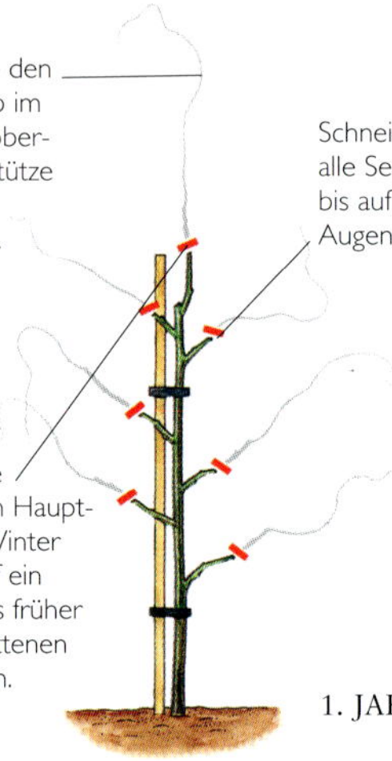

1. JAHR, WINTER

2. JAHR, SOMMER

3. JAHR, SOMMER

SPIRALFÖRMIG ERZIEHEN

Durch die spiralförmige Erziehung bestimmter Kletterpflanzen, deren Triebe um Konstruktionen wie Pyramiden, Obelisken oder Pfosten gewickelt werden, kann man eine hohe Pflanze niedriger halten. Dadurch wird auch die Blütenbildung angeregt, weil die Triebe in einer eher waagerechten Lage auf ganzer Länge besser blühen als vertikale Triebe, die nur an den Spitzen Blüten tragen. Rambler- und Climberrosen mit biegsamen Trieben wie 'New Dawn' eignen sich für diese Art der Erziehung am besten. Rosen, die normalerweise bis zu 10 m Höhe erreichen, können auf etwa 3 m reduziert werden, wenn man sie spiralförmig erzieht. Andere Kletterpflanzen wie Geißblatt und Jasmin lassen sich so auch formen.

PRAKTISCHE TIPPS

- Diese Arbeit sollte am besten im Winter durchgeführt werden, wenn fast alle Triebe vom Klettergerüst abgenommen werden.
- Schneiden Sie alle nicht blühenden und kranken Triebe heraus, und lassen Sie die langen, biegsamen an der Pflanze.
- Junge Triebe sind sehr biegsam und lassen sich daher besonders leicht am Gerüst befestigen.

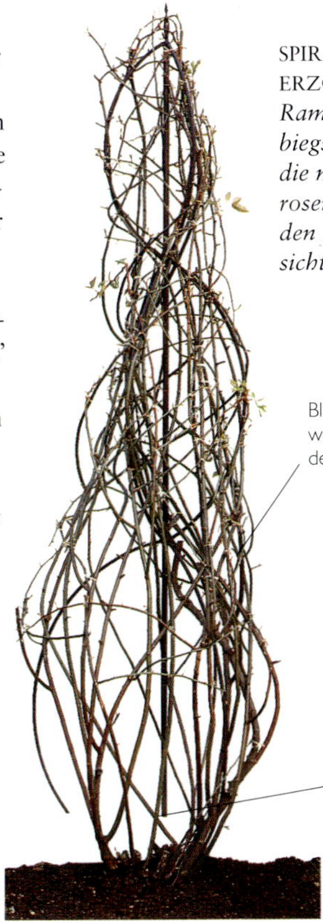

SPIRALFÖRMIG ERZOGENE ROSEN
Ramblerrosen haben biegsamere Triebe als die meisten Climberrosen, deshalb ist bei den Letzteren Vorsicht geboten.

BEWACHSENE OBJEKTE

Alte Torfposten und Baumstümpfe kann man aufs Schönste mit verschiedenen Kletterpflanzen bewachsen lassen. Wenn Sie einen alten, aber gesunden Apfel- oder Birnbaum abschneiden, lassen Sie einen größeren Teil des Stammes als Untergrund stehen; entfernen Sie nur die kleinen Äste, die leicht abbrechen und gefährlich werden können. Zwischen ausgewachsenen Bäumen können Kletterpflanzen anmutig an Drähten hochranken.

ALTER BAUMSTUMPF
Ein alter Baumstamm, den Efeu überwuchert, wird schneller zum grünen Blickfang als ein junger Baum.

GEEIGNET

Akebia quinata
Aristolochia
Campsis
Celastrus
Cissus striata
Fallopia
Ficus pumila
Hedera (die meisten Formen)
Humulus lupulus 'Aureus'
Hydrangea anomala ssp. *petiolaris*
Lonicera
Parthenocissus
Pileostegia viburnoides
Rosa (Rambler)
Schizophragma hydrangeoides
Vitis

Pflanzen vermehren

Viele Kletterpflanzen, sowohl einjährige als auch mehrjährige, lassen sich sehr einfach vermehren. Samen und Stecklinge brauchen lediglich eine sonnige Fensterbank oder ein Gewächshaus, aber man kann sie auch direkt im Garten kultivieren. Vor allem Pflanzen mit Luftwurzeln lassen sich leicht durch Absenker vermehren. Viele bilden sogar spontan Absenker, die man ausgraben und an einer anderen Stelle wieder einpflanzen kann.

Anzucht aus Samen

Säen Sie die Samen in eine Anzuchtschale oder in einen Topf, und bedecken Sie sie dünn mit Erde. Wenn die Sämlinge mindestens zwei Paar Blätter tragen, werden sie vorsichtig in kleine Töpfe pikiert, wo sie wachsen, bis die Wurzeln den Topf ausfüllen. Ist die Frostgefahr vorüber, können die Jungpflanzen ins Freie.

KAPUZINERKRESSE-SÄMLINGE IN RICHTIGEM ABSTAND *Säen Sie nicht zu dicht, denn eng wachsende Sämlinge sind schwach und für Krankheiten anfällig. Bei größerem Abstand entwickeln sie sich gut, bevor sie in Einzeltöpfe pikiert werden.*

Sämlinge auspflanzen

Mit Jungpflanzen muss man sehr vorsichtig umgehen. Die Triebspitzen sind meist sehr weich und fleischig, können gequetscht werden und brechen leicht. Weil die Pflänzchen in einer geschützten Umgebung gezogen wurden, welken sie schnell und verbrennen an der Sonne, wenn man sie am Mittag auspflanzt. Wenn Sie am Abend pflanzen, gießen Sie reichlich, und schützen Sie die Jungpflanzen eventuell mit Schattierfolie.

1 **Sämlinge auspflanzen** Geben Sie in das Pflanzloch viel organisches Material, drücken Sie die Erde um die Wurzeln vorsichtig fest, und gießen Sie gut.

2 **Pflanze stützen** Stecken Sie einen Stab in die Erde, ohne die Wurzeln zu verletzen, und binden Sie die Triebe mit weichem Garn an. Zunächst brauchen die Pflänzchen Schutz.

Absenker und Stecklinge

Der einfachste Weg, neue Pflanzen zu ziehen, sind Absenker. Wenn das nicht möglich ist, bilden Stecklinge mancher Arten ziemlich rasch Wurzeln. Durch diese vegetativen Methoden erhält man Pflanzen, die genau wie die Mutterpflanze aussehen. Das ist wichtig für die Kultur von Hybriden, die sich bei Vermehrung durch Samen verändern können. Verholzte Stecklinge werden im Herbst abgenommen.

TIPPS ZU ABSENKERN

- Wählen Sie junge, gesunde Triebe aus, um Absenker zu bilden, weil diese sehr biegsam sind.
- Die beste Zeit dafür ist Frühjahr oder Herbst.
- Einige Pflanzen wie Geißblatt und Efeu bilden Absenker, ohne dass der Trieb eingeschnitten oder Bewurzelungshormone verwendet werden.
- Mulchen Sie den Bereich um den Absenker, und gießen Sie bei Trockenheit gut.

1 **Absenker bei Klematis** Wählen Sie einen langen, gesunden Trieb aus. Da, wo der Trieb den Boden berührt, schneiden Sie ihn zwischen Blattknoten mit einem Messer ein.

2 **Tauchen Sie** die eingeschnittene Stelle in ein Bewurzelungsmittel, und schütteln Sie überschüssiges Pulver ab. Dadurch wird die eingeritzte Stelle zur Wurzelbildung angeregt.

3 **Graben Sie** einen mit feuchter Erde gefüllten Topf ein, stecken Sie den behandelten Bereich des Triebes vorsichtig hinein, und befestigen Sie ihn mit einem gebogenen Draht.

Binden Sie den Trieb vorsichtig an.

4 **Triebspitze** an einem Stab befestigen. An der eingeschnittenen Stelle bilden sich innerhalb von 12–18 Monaten Wurzeln; dann den Absenker von der Mutterpflanze trennen.

KLETTERPFLANZEN IM PORTRÄT

PFLANZENAUSWAHL

IN DIESEM KAPITEL LERNEN SIE einige der attraktivsten Kletterpflanzen kennen. Bevor Sie eine Pflanze auswählen, müssen Sie verschiedene Kriterien berücksichtigen. Zuallererst sollten Sie klären, wie winterhart eine Pflanze ist und ob sie sich für das Klima und die Lage Ihres Gartens eignet. Andere Faktoren wie Bodenart und Feuchtigkeitsstand können durch Bodenzusätze und Bewässerung bis zu einem gewissen Grad verbessert werden.

SYMBOLSCHLÜSSEL *für die Klettertechnik.* 🏆 *Auszeichnung der RHS.*

kriechend, kletternd

locker windend

stark windend

windende Blattstiele

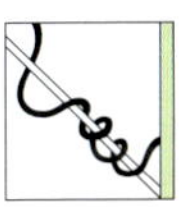
Sprossranken

Blattranken

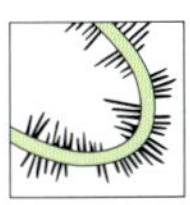
Haftwurzeln

Haftscheiben

PFLANZENEIGENSCHAFTEN

Um eine Pflanze auszuwählen, die in Ihrem Garten überleben soll, müssen Sie bedenken, ob bei Ihnen Sonne oder Schatten vorherrscht, wie hoch die Pflanze wird, nach welcher Technik sie klettert, ob sie angebunden werden muss oder ein Selbstklimmer ist. Achten Sie darauf, dass die Pflanze die Fassade eines Gebäudes nicht beschädigt und die Dachrinnen nicht verstopft. Außerdem darf sie für die Spaliere oder Drähte, die Sie im Sinn haben, nicht zu schwer sein. Wenn Sie schließlich eine engere Auswahl getroffen haben, können Sie sich nach Herzenslust für eine Art entscheiden.

DUFTWICKE *Die einjährig kultivierten Duftwicken* (Lathyrus) *eignen sich sehr gut als Schnittblumen für die Vase. Sie bringen ihre Blüten den ganzen Sommer hervor.*

◄ KLETTERHORTENSIE *Eine schöne Pflanze für Garten oder Hauswand.*

ACTINIDIA

Actinidia deliciosa (Chinesische Stachelbeere oder Kiwi) ist eine frostharte, starkwüchsige, sommergrüne, windende Kletterpflanze. Blätter und Triebe sind behaart und oft rot getönt. Die cremeweißen Blüten färben sich im Sommer gelb. Im warmen Klima reifen die walzenförmigen, dicht behaarten, olivgrünen Früchte im Spätsommer zu braunen Kiwifrüchten. Obwohl Früchte nur gebildet werden, wenn männliche und weibliche Pflanzen nebeneinander wachsen, wird Kiwi oft nur wegen ihres Laubes kultiviert. ***A. kolomikta*** 🏆 (Kolomikta-Strahlengriffel) ist eine völlig winterharte Kletterpflanze, die bis zu 7 m hoch werden kann. Sie trägt herzförmige bis ovale Blätter, die jung purpurn überhaucht sind und später metallisch grün werden, bevor ihre Spitzen sich rosa und weiß färben. Die kleinen, weißen Blüten duften schwach. Der Schnitt erfolgt im Spätwinter oder im zeitigen Frühjahr.

ACTINIDIA KOLOMIKTA 🏆

AKEBIA

Akebia quinata (Fingerblättrige Akebie) ist eine völlig winterharte, halbimmergrüne, windende Kletterpflanze von starkem Wuchs. Sie lässt sich problemlos an einer Mauer oder am Spalier ziehen, wo sie oft an der Basis Absenker bildet und sich üppig ausbreitet. Die glänzenden Blätter sind fünffach gefiedert (die ähnliche Art ***A. trifoliata*** ist dreifach gefiedert). Diese Kletterpflanze gedeiht am besten in sauren oder humosen Böden und kann bis zu 12 m hoch werden. Die kleinen Blüten, die im Vorfrühling erscheinen, sind violett, hängend und stehen oft in Büscheln. Sie werden teilweise vom Laub bedeckt, verströmen aber einen durchdringenden Duft. Die Akebie braucht eine vollsonnige Lage. Sie windet sich um Drähte oder andere Gewächse. Achten Sie darauf, dass sie weniger starkwüchsige Pflanzen nicht überwuchert. Geschnitten wird im Spätfrühling nach der Blüte.

AKEBIA QUINATA

AMPELOPSIS

Ampelopsis brevipedunculata (Scheinrebe) ist ein schöner, winterharter, wuchskräftiger, sommergrüner Wein, der bis zu 10 m hoch werden kann. Seine dreifach gelappten, grob gezähnten Blätter (wie die des Hopfens) färben sich im Herbst gelb. Die Hauptattraktion dieser Pflanze sind die dunkelblauen, violett überhauchten Früchte im Herbst. Nach heißen Sommern oder vor einer Mauer erscheinen die Früchte in großer Zahl. Wenn die Blätter abfallen, treten sie stärker hervor. Die Scheinrebe wächst problemlos auf den meisten Böden. Die Blätter von ***A. brevipedunculata*** var. ***elegans*** sind rosa und weiß gesprenkelt. Die jungen Triebe sind rosa gefärbt. ***A. megalophylla*** (Riesenblättrige Zaunrebe) ist eine herrliche Blattpflanze mit mehrfach gefiederten Blättern von bis zu 40 cm Länge. Sie können die Scheinrebe kriechen lassen oder, wenn sie an der Hausmauer wächst, in der Wintermitte stark zurückschneiden.

AMPELOPSIS BREVIPENDUNCULATA

Aristolochia

Aristolochia macrophylla (Amerikanische Pfeifenwinde) ist eine frostharte, sommergrüne, verholzende Staude mit großen, herzförmigen Blättern. Die gelblich grünen Blüten sind lange, hängende Röhren, die sich nach oben drehen wie eine Raucherpfeife oder ein winziges Saxophon; die Innenseite ist lilabraun. Die Form der Blüten lockt Insekten an, welche die Pflanze bestäuben. Die Blüten erscheinen im Früh- bis Hochsommer, werden aber meistens von den Blättern verdeckt. Die Pflanze wächst in der Sonne oder im Schatten und auf den meisten Böden, bevorzugt aber eine Torf-Lehm-Mischung, die Feuchtigkeit speichert. Die starkwüchsige Kletterpflanze kann 5–10 m hoch werden und an Bäumen, über Baumstümpfe, an Bogen oder an einem Spalier wachsen. Um einen Pfosten rankend bildet sie eine grüne Säule, was sehr eindrucksvoll aussieht. Der Schnitt erfolgt im Spätwinter oder im zeitigen Frühjahr.

Aristolochia macrophylla

Berberidopsis

Berberidopsis corallina (Korallenstrauch) ist eine ungewöhnliche und schöne immergrüne, windende Kletterpflanze aus Chile. Sie wird 3–4 m hoch und verträgt Temperaturen bis –10 °C. Der Korallenstrauch trägt ledrige, dunkelgrüne Blätter mit weißer Unterseite. Seine Triebe winden sich nur ganz locker, so dass der Korallenstrauch entweder reichlich Draht als Stütze braucht oder durch einen großen Strauch ranken kann. Die hängenden Büschel kleiner, runder, leuchtend karminroter Blüten erscheinen im Hoch- bis Spätsommer; aus großer Entfernung sehen sie wie Beeren aus. Der Korallenstrauch ist eine Säure liebende Pflanze und bevorzugt feuchte Böden, die mit Laubkompost oder anderem organischen Material angereichert wurden. In manchen Gärten braucht die Pflanze Schutz vor kalten Winden, aber man kann sie an einer schattigen Mauer kultivieren. Geschnitten wird im zeitigen Frühjahr.

Berberidopsis corallina

Bignonia

Bignonia capreolata (Kreuzrebe) ist im Südosten der USA beheimatet. Sie ist eine frostharte, immergrüne Kletterpflanze mit glänzenden Blättern. Die Kreuzrebe wächst sehr schnell und kann im warmen Klima am Mittelmeer sogar Hausfassaden bewachsen. Sie ist auch eine ausgezeichnete Pflanze für den Wintergarten. Die trompetenförmigen Blüten stehen in Büscheln an den Blattknoten und bedecken manchmal im Frühsommer fast die ganze Pflanze. Die Blüten sind gelblich orange gefärbt mit orangefarbener Röhre; aber es gibt auch rotpurpurne Formen. Die Kreuzrebe klettert mit Hilfe von Ranken, die sich am Ende jedes Blattstiels entwickeln; deshalb sind Spaliere oder Drahtsysteme die beste Kletterhilfe für sie. Die Pflanze wächst in fast jeder Bodenart, mag aber saure Böden am liebsten und braucht viel Sonne, um reich zu blühen. Schnitt: nach der Blüte oder im zeitigen Frühjahr.

Bignonia capreolata

Billardiera

Billardiera longiflora 🏆 ist eine kleine, leicht windende, immergrüne Kletterpflanze aus Australien, die Frost verträgt. Die Blätter sind sehr schmal und dunkelgrün, die nickenden Blüten – röhrenförmige Glocken – limonengrün mit feinen schwarzen Linien. Den Blüten folgen im Spätsommer kleine, metallisch glänzende, violettblaue Beeren (die Farbe kann in der Natur variieren), die prächtig anzusehen sind. Die Sorte **'Cherry Berry'** trägt rote Früchte, während **'Fructoalbo'** rein weiße Früchte bildet, die größer sind als die der Spezies. Beide sind weniger starkwüchsig als die Art, die etwa 3 m hoch wird.

Billardiera longiflora 🏆

Bomarea

Bomarea caldasii 🏆 ist eine krautige Kletterpflanze, deren Sprossteil jedes Jahr abstirbt. Nur der fleischige, knollenartige Wurzelstock bleibt übrig. Die Pflanze stammt aus Südamerika und ist eng verwandt mit *Alstroemeria. Bomarea* hat weiche, fleischige Triebe mit lanzettlichen Blättern, die sich nach oben strecken, bis sie eine geeignete Stütze gefunden haben. Die Pflanze bildet dichte Büschel langer, schmaler, rötlich orangefarbener Röhrenblüten mit einer charakteristischen Zeichnung im Innern. Sie blüht von Hochsommer bis zum Herbst; dann entwickeln sich interessante Samenstände. *Bomarea* lässt sich einfach aus Samen ziehen. Obwohl sie bedingt winterhart ist, kann sie Temperaturen unter Null aushalten, wenn sie in sonniger Lage in der Nähe einer Mauer gepflanzt wird, wo ihr Wurzelstock geschützt ist. Der Schnitt erfolgt im Frühjahr.

Bomarea caldasii 🏆

Bougainvillea

Das auch Drillingspflanze genannte Klettergewächs ist in warmen Regionen ein beliebtes Immergrün. ***Bougainvillea glabra*** 🏆 bevorzugt Temperaturen über 10 °C, aber in kälteren und weniger sonnigen Gegenden ist die violett blühende Form (die natürliche Farbe von ***Bougainvillea glabra***) die robusteste und am einfachsten zu kultivierende. Viele andere Formen sind erhältlich, die von Weiß bis Lachsrosa variieren. Die kleinen Blüten erscheinen den ganzen Sommer an den Haupttrieben und sind von ausdauernden, leuchtend gefärbten Hochblättern umgeben. Deshalb erweckt *Bougainvillea* den Eindruck, sie »blühe« sehr lange Zeit. In einem Wintergarten ist die Blütenpracht bei hohen Temperaturen optimal. In manchen frostigen Gegenden kann man die Pflanze auch im Freien kultivieren, aber sie muss im Winter relativ trocken gehalten werden. Der Schnitt erfolgt im Spätwinter oder zeitigen Frühjahr.

Bougainvillea glabra 🏆

CAMPSIS

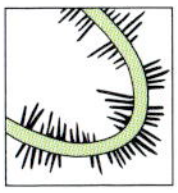

***Campsis* × *tagliabuana* 'Madame Galen'** 🏆 ist eine Kreuzung zwischen zwei Arten, die in den USA und China vorkommen. Die sommergrüne und frostharte Pflanze braucht viel Sonne, um im Spätsommer die großen, hängenden Büschel orangeroter bis aprikosenfarbiger Trompetenblüten hervorzubringen. Die Blätter setzen sich aus ovalen, gezähnten Fiederblättchen zusammen. Die Trompetenblume ist teilweise selbstklimmend, braucht aber an einer Mauer eine zusätzliche Stütze. Sie windet sich auch um andere Pflanzen oder Drähte. Die Pflanze kann 10 m oder höher werden und bildet neue Triebe von 3 m Länge. Man kann das Wachstum zügeln, indem man sie in einen nährstoffarmen Boden pflanzt und im zeitigen Frühjahr bis auf wenige Knospen auf altem Holz stark zurückschneidet.

CAMPSIS × *TAGLIABUANA* 'MADAME GALEN' 🏆

CELASTRUS

Celastrus orbiculatus (Rundblättriger Baumwürger) ist eine starkwüchsige, sommergrüne Kletterpflanze, die bis zu 15 m hoch wird. Sie klettert windend und wird dabei von kleinen Dornen auf den jungen Trieben unterstützt. Die Pflanze sieht im Herbst prächtig aus, wenn die Blätter sich gelb färben, dann abfallen und Hunderte von scharlachroten, erbsengroßen Früchten enthüllen, die in halb geöffneten goldgelben Kapseln sitzen. Nur wenn Pflanzen beider Geschlechter vorhanden sind oder eine gute einhäusige Sorte kultiviert wird, entwickeln sich die Früchte. Der Baumwürger sollte am besten an einem alten Baum kultiviert werden, an dem er hochklettern und von dem er herabhängen kann. Der Schnitt wird im Winter oder zeitigen Frühjahr durchgeführt.

CELASTRUS ORBICULATUS

CISSUS

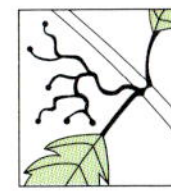

Cissus striata (Klimme) gehört zu einer großen Familie meist tropischer Kletterpflanzen. Sie verträgt Temperaturen bis etwa –7 °C. Die Hauptattraktion der Blattpflanze sind die üppigen, schön eingeschnittenen Blätter. Unter optimalen Bedingungen wird sie bis zu 10 m hoch. In Gegenden mit Frost sollte die Klimme an einer Mauer wachsen, wo sie wieder austreiben kann, sollte sie durch schlechtes Wetter gelitten haben. In mildem Klima eignet sich eine Lage in kühlem, feuchtem Schatten besser, wo sie vor Frost geschützt ist. Die im Sommer erscheinenden Blüten sind unscheinbar, aber ihnen folgen rote bis rötlich schwarze, erbsengroße Beeren. ***C. striata*** bildet Ranken mit Haftscheiben, die sich an Mauern und Bäumen festhalten können. Die Klimme mag gute, Feuchtigkeit speichernde Böden und kann, falls nötig, im Frühjahr oder Sommer geschnitten werden.

CISSUS STRIATA

CLEMATIS (WALDREBE)

Die Klematis gilt als die Königin der Kletterpflanzen. Kein Gärtner, der Klettergewächse in seinem Garten kultivieren möchte, kann auf die Vielfalt an Farben dieser Gattung verzichten. Trotz einiger krautiger Formen sind die meisten völlig winter- bis frostharte, sommergrüne oder immergrüne verholzte Kletterpflanzen, die sich mit Hilfe ihrer Blattstiele an

CLEMATIS 'KATHLEEN DUNFORD'

anderen Pflanzen oder Kletterhilfen festhalten.

Gruppe 1 Früh blühende Klematis
Diese Gruppe beginnt schon im Winter zu treiben und wird nach der Blüte nur dann geschnitten, wenn sie übermäßig wächst. *C.* ***cirrhosa*** hat cremefarben und rot gefleckte, glockige Blüten und immergrünes Laub. Eine andere immergrüne Art ist *C.* ***armandii***. Sie trägt im Vorfrühling Büschel tellerförmiger, weißer, duftender Blüten. Als nächstes blühen *C.* ***alpina*** 🏆 (Alpenwaldrebe) und *C.* ***macropetala*** (Großblütige Waldrebe), beide mit Glockenblüten, denen silbern behaarte Samenstände folgen. Von *C.* ***koreana*** gibt es verschiedene Farbvarianten und Hybriden von Weiß bis zu Rosa und Gelb. *C.* ***montana*** (Bergwaldrebe) hat einfache Blüten, kann bis zu 10 m hoch werden und Bäume, Pergolen und Zäune bewachsen. Sie trägt oft purpurn getöntes junges Laub. Ebenfalls zu empfehlen:

C. ***alpina*** **'Francis Rivis'** 🏆
C. ***armandii*** **'Apple Blossom'**
C. ***cirrhosa*** **'Jingle Bells'**
C. ***montana*** f. ***grandiflora*** 🏆
C. ***montana*** **'Elizabeth'** 🏆

Gruppe 2 Spät blühende, großblumige Klematis
Diese Gruppe erreicht im Hoch- bis Spätsommer ihren Höhepunkt; manche haben im Vergleich zu den Arten *C.* ***viticella*** und *C.* ***texensis*** kleinere Blüten. Die Pflanzen werden im Spätwinter oder zeitigen Frühjahr bis auf 30 cm stark zurückgeschnitten. Sie lassen sich an Sträuchern oder Stau-

CLEMATIS TANGUTICA

CLEMATIS 'GUERNSEY CREAM'

den erziehen. Im Spätsommer blühen auch *C.* ***rehderiana*** 🏆 und *C.* ***flammula*** mit duftenden Blüten sowie die verwandte *C.* ***tangutica*** mit gelben Glockenblüten, denen dekorative Samenstände folgen.

'Fireworks' 🏆
'Gillian Blades' 🏆
'Mrs. Cholmondeley' 🏆
'Niobe' 🏆
'Royalty' 🏆

Gruppe 3 Spät blühende, großblumige Klematis
Diese Gruppe erreicht im Hoch- bis Spätsommer ihren Höhepunkt; manche haben im Vergleich zu den Arten *C.* ***viticella*** und *C.* ***texensis*** kleinere Blüten. Die Pflanzen werden im Spätwinter oder zeitigen Frühjahr bis auf 30 cm stark zurückgeschnitten. Sie lassen sich an Sträuchern oder Stauden erziehen. Im Spätsommer blühen auch *C.* ***rehderiana*** 🏆 und *C.* ***flammula*** mit duftenden Blüten sowie die verwandte *C.* ***tangutica*** mit gelben Glockenblüten, denen dekorative Samenstände folgen.

Clianthus

Clianthus puniceus 🏆 (Ruhmesblume) ist ein relativ frostempfindlicher, immergrüner, kriechender Strauch aus Neuseeland. Obwohl strauchig, breitet sich die Pflanze nicht aus und braucht deshalb Drähte oder andere Gewächse als Stütze, um eine Höhe bis zu 2,5 m zu erreichen. Sie bringt hängende Büschel riesiger, scharlachroter Schmetterlingsblüten hervor, die einer Hummerschere ähneln und deshalb in Neuseeland »lobster claw« heißen. Sie erscheinen von Hoch- bis Spätsommer. Es gibt andere Formen in Rot, Weiß oder Rosa, aber die Spezies selbst sieht am farbenprächtigsten und auffälligsten aus. Die Ruhmesblume braucht einen warmen Standort wie eine sonnige Mauer. Sie bevorzugt durchlässige Böden, besonders im Winter, denn zu viel Feuchtigkeit kann zur Stängelfäule führen. In kalten Gegenden muss die Pflanze mit Folie oder Stroh geschützt werden. Ein gelegentlicher Schnitt genügt.

CLIANTHUS PUNICEUS 🏆

Cobaea

Cobaea scandens 🏆 (Glockenrebe) ist eine frostempfindliche, immergrüne, oft verholzte Staude aus Zentral- und Südamerika, die bei uns einjährig kultiviert wird. Die starkwüchsige Kletterpflanze wird bis zu 5 m hoch. Die duftenden, grünlich violetten bis lilafarbenen Blüten entwickeln sich von Hoch- bis Spätsommer an langen Stielen aus den Blattknoten. Die Hauptblüte hat die klassische Glockenform und wird von einer leuchtend grünen »Schale« umgeben. Die üppige, windende Glockenrebe trägt ovale Blätter und einige Ranken; sie benötigt etwas Stütze. Sie schätzt Feuchtigkeit speichernde Böden und lässt sich in der Sonne oder im Schatten kultivieren. Als Einjährige wird sie aus Samen gezogen, die im zeitigen Frühjahr in einem warmen Gewächshaus ausgesät werden. Im warmen Klima übersteht sie den Winter. Die weiß blühende Form ist weniger starkwüchsig. Ein starker Rückschnitt erfolgt im Frühjahr.

COBAEA SCANDENS 🏆

Dicentra

Ähnlich wie bei ihrer Verwandten, dem Tränenden Herzen, sterben die Sprossteile von ***Dicentra macrocapnos*** jeden Winter bis zu dem fleischigen Wurzelstock ab. Diese Pflanze trägt saftige, fleischige Blätter. Die herzförmigen Blüten ähneln ebenfalls denen von Tränenden Herzen, sind aber gelb, erscheinen im Sommer in Büscheln und halten bis zum ersten Frost. Die Pflanze kann bis zu 4 m hoch werden und bedeckt benachbarte Sträucher oder Pflanzen, die an Mauern wachsen. Das ist die beste Möglichkeit, diese Art zu kultivieren, solange die Wirtspflanzen nicht zu zart sind. Wenn der Platz es erlaubt, kann ***Dicentra*** durch die unteren Triebe einer früh blühenden Ramblerrose erzogen werden. Das Laub ist bläulich grün, farnartig, leicht und bildet Ranken. Der knollige Wurzelstock verträgt Temperaturen bis –15 °C und kann im Winter mit Stroh abgedeckt werden. Die Pflanze bevorzugt durchlässige Böden.

DICENTRA SCANDENS

Dregea

Diese windende, sommergrüne Kletterpflanze eignet sich nur für gut geschützte Gärten oder für Wintergärten bzw. Gewächshäuser, wo sie Temperaturen bis –10 °C. aushält. Die kleinen, gräulich gefärbten, herzförmigen, spitzen Blätter sind an der Unterseite behaart und sitzen an den bis zu 4 m langen Trieben, die windend hoch klettern. ***Dregea sinensis*** bringt den ganzen Sommer Dolden kleiner, weißer, sternförmiger Blüten mit roten Punkten und Streifen hervor. Sie verströmen einen lieblichen Duft, den man besser wahrnimmt, wenn die Pflanze in einem geschlossenen Raum wächst. In kalten Regionen muss ***D. sinensis*** an einer schützenden Mauer bei Vollsonne wachsen und braucht Winterschutz. Sie gedeiht in jedem guten, durchlässigen Boden und kann an Drähten oder an anderen Gerüsten ohne Anbinden erzogen werden. Schneiden Sie die Pflanze im Frühjahr oder nach der Blüte zurück.

DREGEA SINENSIS

Eccremocarpus

Eccremocarpus scaber 🏆 (Schönranke) ist eine halb verholzte, immergrüne, mehrjährige Kletterpflanze aus dem südlichen Afrika, die bis zu 3 m hoch wird und sich mit Hilfe ihrer Ranken festhält. Sie ist nicht völlig winterhart und kann bei Bodentemperaturen unter –8 °C eingehen. Ihre Fiederblättchen sind von einer farnartigen Grazie. Die orangeroten Röhrenblüten werden etwa 3 cm lang; ab dem Sommer erscheinen auf den langen Stielen jeweils 10–20 Blüten. Bei unseren Klimabedingungen wird die Pflanze einjährig kultiviert und blüht etwas später. Säen Sie die Samen im Spätwinter in einem beheizten Gewächshaus oder auf dem Fensterbrett aus; ausgepflanzt wird nach den Spätfrösten. Die Schönranke gedeiht am besten vor einer Mauer oder zwischen anderen Pflanzen. Sie verträgt die meisten Bodenarten außer Kalkböden, bevorzugt aber solche, die sauer und durchlässig sind. Geschnitten wird im Frühjahr.

ECCREMOCARPUS SCABER 🏆

Euonymus

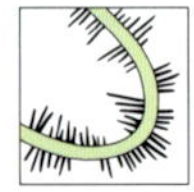

Die meisten Arten von ***Euonymus*** – gewöhnlich niedrige, immergrüne Sträucher, die als Bodendecker gepflanzt werden – breiten sich mit Hilfe von Haftwurzeln aus, die sich festklammern, sobald sie den Boden berühren. Die Haftwurzeln können sich jedoch auch an Mauern oder Baumstämmen festhalten wie Efeu. Diese Kletterform ist bei ***Euonymus fortunei*** var. ***radicans*** (Kletterspindelstrauch) gut entwickelt, so dass die Pflanze an Bäumen und Felsen bis zu 6 m hoch klettern kann. Die kleinen, gezähnten, ovalen Blätter bedecken die Pflanze ganz dicht und zeigen eine schwach silberne Äderung. Obwohl immergrün, färbt sich das Laub im Spätsommer und Herbst tief weinrot. Die größten Vorzüge dieser Pflanze sind ihre immergrüne Wuchsform und dass sie völlig winterhart ist, aber auch jede Bodenart verträgt und sowohl im Schatten als auch in der Sonne wächst. Ein Schnitt ist meist nicht nötig.

EUONYMUS FORTUNEI VAR. *RADICANS*

FALLOPIA

Die starkwüchsige Kletterpflanze ***Fallopia baldschuanica*** 🏆 (Schlingknöterich) ist bekannt dafür, dass sie unansehnlich Gebäude und Zäune in kürzester Zeit vollständig überwächst. Die spitzen, herzförmigen Blätter der verholzten, sommergrünen Pflanze bedecken die langen Triebe. *Fallopia* kann in den ersten zwei Jahren etwas langsam wachsen, aber danach erreichen die Triebe innerhalb einer Wachstumsperiode eine Länge von mehr als 4 m. Von Sommer bis Herbst ist die ganze Pflanze von einer Wolke winziger, cremeweißer Blüten umgeben. Da Knöterich windend klettert, braucht er am Anfang eine Stützhilfe. Pflanzen Sie dieses Klettergewächs nicht an Hausfassaden, weil es Dachrinnen und -ziegel beschädigen kann. Was den Boden anbelangt, ist der Schlingknöterich nicht wählerisch und völlig winterhart; an einem sonnigen Platz blüht er jedoch besser. Schneiden Sie die Pflanze im Spätwinter zurück.

FALLOPIA BALDSCHUANICA 🏆

FICUS

Ficus pumila 🏆 (Kletterfeige) ist eine immergrüne Kletterpflanze, die mit der Feige nah verwandt ist, jedoch wenig Ähnlichkeit mit ihr aufweist. Sie hält sich wie Efeu mit Hilfe der Haftwurzeln an Mauern oder Bäumen fest und kann bis zu 10 m Höhe erreichen. Man kann die Kletterfeige genauso wie den Efeu auch über den Boden wachsen lassen. Die Blätter sind anfangs klein und herzförmig, verändern sich aber, wenn sie ausgereift sind, und ähneln denen der Feige. Die Kletterfeige ist winterhart bis –8 °C und bildet eine sehr schöne immergrüne Decke. Die Blüten sind unscheinbar. Diese Kletterpflanze lässt sich auf den meisten Böden problemlos kultivieren und muss nur geschnitten werden, um die gepflegte Erscheinung zu bewahren. Falls nötig, erfolgt der Schnitt im zeitigen Frühjahr. Die Sorte **'Minima'** hat sehr kleine Blätter, und bei **'Variegata'** sind die Blätter cremefarben umsäumt.

FICUS PUMILA 'VARIEGATA'

GELSEMIUM

Gelsemium sempervirens 🏆 ist im Süden der USA beheimatet, wo die Pflanze Carolina oder Falscher Jasmin genannt wird. Sie gehört zu einer Gattung von immergrünen, windenden Kletterpflanzen mit kleinen, glänzenden Blättern und duftenden, jasminähnlichen Blüten. Die fünfzähligen Trompetenblüten von ***G. sempervirens*** sind blass- bis tiefgelb und erscheinen von Frühling bis Spätsommer. Unter optimalen Bedingungen wird die Pflanze bis zu 3 m hoch oder höher. Sie kann nach dem ersten Flor im Frühjahr zurückgeschnitten werden, wenn die alten Blütentriebe ausgelichtet werden sollen. *Gelsemium* wächst auf jedem durchlässigen, fruchtbaren Boden bei Vollsonne, muss aber wie viele Immergrüne im Winter relativ trocken gehalten werden. Die Pflanze verträgt Temperaturen bis –5 °C und kann in mildem Klima im Freien an einer warmen, sonnigen Mauer kultiviert werden.

GELSEMIUM SEMPERVIRENS 🏆

KÜRBISSE (*CUCURBITA*)

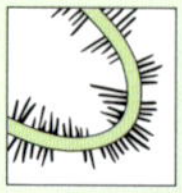

Cucurbita pepo (Gartenkürbis) umfasst eine große Zahl von bedingt winterharten Zier-, Speise- und Schlangenkürbissen. Im Allgemeinen sind das sehr nützliche und dekorative Pflanzen, die einjährig kultiviert werden. Sie können Zäune, Lauben, Spaliere und Bogen bedecken. Kürbisse gedeihen auf nährstoffreichen Böden mit viel gut abgelagertem Stallmist oder Kompost besonders gut und brauchen reichlich Wasser. Aber achten Sie darauf, sie nicht übermäßig zu gießen, und pflanzen Sie sie daher leicht erhöht. Die Samen werden im zeitigen Frühjahr im warmen Gewächshaus in Töpfe oder im Spätfrühling oder Frühsommer direkt ins Freie gesät. Setzen Sie zwei bis drei Samen pro Topf, die innerhalb von wenigen Tagen keimen. Die Pflanzen sind sehr starkwüchsig und brauchen viel Platz, denn manche können bis zu 6 m hoch werden.

Zierkürbisse
Sie sind oft im Samenhandel als Mischungen erhältlich und können von eiförmigen bis zu kleinen, runzligen, warzigen und gelb und grün gestreiften Früchten variieren. Sie sind nicht essbar.

Flaschenkürbisse
Dabei handelt es sich um lange, spitz zulaufende, grüne bis braune Früchte, die in manchen Teilen der Erde als Trinkgefäße verwendet werden. Im warmen Klima kann die Pflanze über einen Bogen wachsen, wo die Früchte herabhängen.

ZIERKÜRBIS

Speisekürbisse
Manche dieser bekannten, essbaren, leuchtend orangefarbenen Früchte erreichen Ausmaße, die es für sie unmöglich machen, hochzuklettern.
Es gibt aber auch viele kleinfrüchtige Formen, die man kletternd erziehen kann.

Schlangenkürbisse
Es gibt zahlreiche Formen der essbaren ***C. pepo***. Zu ihnen gehören auch die Zucchini, die an einem Kletterzelt aus Stäben erzogen werden können.

Salat- und Einlegegurken
Gurken (*Cucumis sativus*) gehören zur Familie der Kürbisse und können in einer Saison bis zu 5 m wachsen. Viele von ihnen eigen sich für Freikulturen wie die Sorte '*Crystal Lemon*', die kleine, runde Früchte trägt und an Stäben erzogen werden kann.

HOLBOELLIA

Holboellia coriacea ist eine wuchskräftige, immergrüne, verholzte Kletterpflanze, die bis zu 7 m hoch werden kann. Sie lässt sich sehr gut an hohen Mauern oder Bäumen erziehen. Anfangs braucht sie etwas Stützhilfe, bis sie beginnt, sich um Drähte oder Äste zu winden. Die Pflanze trägt üppige dunkelgrüne, ledrige Blätter aus drei oder mehr leuchtenden Fiederblättchen. Sie blüht im Frühling. Die weißlichen weiblichen Blüten sind wächsern, glockenförmig und erscheinen in Büscheln bis zu zehn Einzelblüten auf neuen Trieben. Die männlichen Blüten, die höher an älteren Trieben sitzen, sind violettgrün. Die Hauptattraktion von *H. coriacea* ist der herrliche Duft der Blüten. Die im Westen Chinas beheimatete Pflanze verträgt Temperaturen bis zu –10 °C und bevorzugt einen schattigen, feuchten Wurzelbereich. Sie eignet sich sehr gut für kalte Wintergärten. Falls nötig, erfolgt der Schnitt im Spätfrühling nach der Blüte.

HOLBOELLIA CORIACEA

HUMULUS

Humulus lupulus (Gewöhnlicher Hopfen) ist eine völlig winterharte, krautige, mehrjährige Kletterpflanze, die bis auf den langlebigen Wurzelstock abstirbt und jedes Jahr aufs Neue bis zu 8 m oder höher wächst. Hopfen wird gewöhnlich wegen seiner papierartigen Hochblätter kultiviert, die dem Bier das bittere Aroma verleihen. In den Gärten sieht man am meisten die Sorte ***H. lupulus* *'Aureus'*** ♀ mit den goldgelben Blättern. Sie blüht nicht sehr gut, trägt aber ihr auffallendes Laub zur Schau. Die geteilten, ahornartigen Blätter können bei starker Sonne verbrennen, aber bei viel Schatten färben sie sich wieder grün. Die windende Pflanze wächst am besten an einem Pfosten oder an einem großen Baum hoch und mag gute humose Erde, die sehr feucht ist. Die grüne Form ist sehr starkwüchsig. Schneiden Sie im Frühjahr tote Triebe ab.

HUMULUS LUPULUS 'AUREUS' ♀

GEISSBLATT (*LONICERA*)

Das Geißblatt ist wegen seiner duftenden Blüten und der einfachen Kultur beliebt. Manche Arten sind immergrün, und manche duften nicht, aber klettern, indem sie ihre Triebe um die Äste von Bäumen oder Sträuchern winden. Unkontrolliert würden sie ein Dickicht bilden. Die röhrenförmigen Blüten sind charakteristisch für die ganze Gattung; sie stehen in kleinen Büscheln oder Quirlen und locken die Nachtfalter an, die für die Bestäubung sorgen.

LONICERA PERICLYMENUM 'SEROTINA' ♀

LONICERA JAPONICA 'HALLIANA' ♀

Die meisten Geißblattarten sind völlig winterhart und gedeihen auf allen Böden in der Sonne oder im Schatten. Im warmen Klima brauchen die Wurzeln etwas Schatten.

Immergrüne oder halb immergrüne Arten
Lonicera japonica, das Japanische Geißblatt, wird bis zu 10 m hoch und kann stark wuchern. Wenn die Pflanze über den Boden kriecht, bildet sie rasch Wurzeln. Die Blüten, die im Spätsommer erschienen, sind klein und cremefarben und duften sehr stark. **'Halliana'** ♀ und **'Hall's Prolific'** sind gezüchtete Sorten, **'Aureoreticulata'** hat gelb geäderte Blätter.

Sommergrüne Formen
L. etrusca wird 4 m hoch und trägt gelbe Blüten. ***L. periclymenum*** (Waldgeißblatt) ist in Europa beheimatet und kann 7 m Höhe erreichen. Es gibt verschiedene Sorten wie **'Belgica'** ♀, eine frühe Sorte, die im Frühsommer rosa und rote Blüten hervorbringt. **'Serotina'** ♀ ist ähnlich, aber eine späte Sorte, die im Spätsommer blüht. ***L.* x *tellmanniana*** ♀ (Goldgeißschlinge) wird 5 m hoch und trägt im Hochsommer orangefarbene Blüten. ***L. tragophylla*** ♀ erreicht 6 m Höhe und hat im Hoch- bis Spätsommer gelbe Blüten.

HYDRANGEA

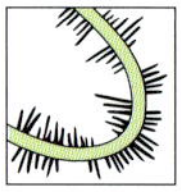

Hydrangea anomala ssp. ***petiolaris*** 🏆 (Kletterhortensie) ist ein starkwüchsiger, sommergrüner Selbstklimmer. Seine Blüten ähneln denen der Strauchhortensie. Die großen, flachen, cremeweißen Blütenstände haben bis zu 20 cm Durchmesser, öffnen sich im Frühsommer und blühen oft bis zum Spätsommer. Für einen kühlen Standort eignet sich diese Kletterpflanze ausgezeichnet. Sie gehört zu den wenigen Klettergewächsen, die eine Kultur an dunklen, nasskalten, nicht sonnigen Mauern tolerieren. In Waldgärten sieht sie sehr gut aus, wenn sie alte Baumstümpfe überwächst. Anfangs ist die Pflanze langsamwüchsig, aber nach zwei bis drei Jahren wächst sie 1 m oder mehr pro Jahr und kann bis zu 15 m hoch werden. Die Haupt- und Blatttriebe halten sich am Untergrund mit Hilfe der Haftwurzeln fest, während die Blütentriebe abstehen und gut zu sehen sind. Die Kletterhortensie verträgt Temperaturen bis –10 °C.

HYDRANGEA ANOMALA SSP. *PETIOLARIS* 🏆

EFEU (*HEDERA*)

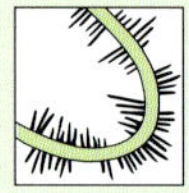

Efeu ist eine vielseitige, völlig bis bedingt winterharte, immergrüne Kletterpflanze, die mit Hilfe ihrer Haftwurzeln an Bäumen, Felsen und Gebäuden hochklettert. Der Schnitt erfolgt im zeitigen Frühjahr.

Grünblättrige Efeuarten
Hedera hibernica 🏆 (Irischer Efeu) wird 10 m hoch, ist aber auch ein sehr eindrucksvoller, schnell wachsender Bodendecker. ***H. canariensis*** wird 4 m

HEDERA COLCHICA 'SULPHUR HEART' 🏆

hoch, ist frosthart und trägt große, glänzende Blätter. Diese Art ist am häufigsten in der panaschierten Form **'Gloire de Marengo'** 🏆.

Panaschierte Efeuarten
Das charakteristische an Efeu ist die erstaunlich große Vielfalt der Buntblättrigkeit und Blattformen.
H. helix (Gewöhnlicher Efeu) erreicht 5 m Höhe und kann stark variieren:

HEDERA HIBERNICA

'Buttercup' 🏆 hat leuchtend gelbe Triebe, Die Blätter von **'Goldheart'** (auch 'Goldherz') haben in der Mitte einen goldgelben Fleck und **'Glacier'** 🏆 trägt grau und weiß umsäumte Blätter, was der Pflanze ein kühles Aussehen verleiht. Wie bei vielen anderen Efeuarten können die panaschierten Blätter von ***H. canariensis*** **'Gloire de Marengo'** 🏆 in der kälteren Jahreszeit einen rötlichen Ton annehmen. Völlig winterhart sind die großblättrige ***H. colchica*** 🏆 (Kaukasus-Efeu, bis zu 10 m hoch), **'Dentata Variegata'** 🏆 (gelb umsäumte Blätter) und **'Sulphur Heart'** 🏆.

Blüten und Früchte
Die kleinen, grünen Blüten erscheinen nur auf ausgewachsenen Pflanzen. Sie werden spät im Jahr gebildet und bieten den Bienen Nahrung. Den Blüten folgen runde, schwarze Früchte. ***H. helix*** f. ***poetarum*** bildet gelbe Früchte.

IPOMOEA

Ipomoea tricolor (Prunkwinde) ist eine beliebte, nicht winterharte, einjährige Kletterpflanze, die wegen ihrer prächtigen himmelblauen Trompetenblüten kultiviert wird. Die Blüten öffnen sich am Morgen und verblühen kurz nach Mittag, besonders an warmen Standorten. Jede Blüte ist nur von kurzer Lebensdauer, aber der üppige Flor hält den ganzen Sommer an. Die Prunkwinde wird bis zu 3 m hoch und gedeiht in jedem fruchtbaren Boden in vollsonniger Lage. Die windende Kletterpflanze benötigt meist nur einige Drähte als Stützhilfe. Wenn die Nachttemperaturen über 10 °C sind, kann man auspflanzen.
I. alba ist in tropischen Gegenden mehrjährig; die riesigen Blüten öffnen sich am Abend und in der Nacht und duften lieblich. ***I. batatas* 'Blackie'** ist eine purpurblättrige Form der Süßkartoffel, die im Topf gut wächst. Der Schnitt erfolgt im Winter oder Vorfrühling.

IPOMOEA ALBA

JASMINUM

Jasminum officinale 🏆 (Echter Jasmin) ist unter den süß duftenden Jasminarten die am meisten winterharte. Die prächtige, halb immergrüne, windende, strauchige Kletterpflanze hat ovale Fiederblättchen. Der Echte Jasmin wächst pro Jahr bis zu 2 m und wird rasch 6 m hoch. Die weißen Blüten sind als Knospen oft rosa überhaucht und erscheinen von Hoch- bis Spätsommer. Der Rückschnitt erfolgt im zeitigen Frühjahr. Sie verträgt jeden Boden, bevorzugt aber Vollsonne.
J. polyanthum 🏆 (Primeljasmin) ist bedingt winterhart. Seine Blüten duften intensiver als die des Echten Jasmins. Von beiden gibt es goldblättrige und panaschierte Formen.
J. nudiflorum 🏆 (Winterjasmin) trägt im Winter gelbe Blüten und ist ein völlig winterharter, breiter Strauch, der oft an nicht sonnigen Mauern erzogen wird.

JASMINUM OFFICINALE
'ARGENTEOVARIEGATUM' 🏆

LAPAGERIA

Lapageria rosea 🏆 (Lapagerie), die Nationalblume Chiles, ist eine reizvolle, immergrüne, windende Kletterpflanze. Sie ist kaum frosthart und kann unter idealen Bedingungen 5–6 m hoch werden. Von Hoch- bis Spätsommer trägt sie die herrlichsten wächsernen Glockenblüten von 6 cm Länge, die sich beim Öffnen leicht zurückbiegen und in Büscheln am Ende kurzer Triebe erscheinen. Es gibt auch eine weiße Form, die weniger starkwüchsig ist. Die Lapagerie kann im Gewächshaus kultiviert werden, wenn die Temperatur über 0 °C bleibt. Im Freien bevorzugt sie sonnige Lagen, die in der wärmsten Zeit des Tages beschattet sind. Ziehen Sie *Lapageria* in einem sauren Boden, der reich an Humus ist, oder in Rhododendron-Erde. Die Pflanze braucht auch sehr viel Feuchtigkeit, und die Wurzeln dürfen nie austrocknen. Im zeitigen Frühjahr wird die Pflanze etwas zurückgeschnitten.

LAPAGERIA ROSEA 🏆

MUEHLENBECKIA

Diese seltsame sommergrüne bis halb immergrüne Kletterpflanze ist in Neuseeland beheimatet und hat schlanke, drahtige Triebe, die windend klettern. Sie eignet sich hervorragend, um alte Baumstümpfe zu begrünen oder an Drahtzäunen zu wachsen, um ein Hindernis zu bilden. ***Muehlenbeckia complexa*** (Muehlenbeckie) kann bis zu 7 m hoch werden und wirkt an gesunden alten Bäumen dekorativ, kann aber wie der mit ihr verwandte Schlingknöterich sehr stark wuchern. Die kleinen Blätter sind oval geigenförmig. Die grünlich weißen Blüten, die im Spätsommer erscheinen, sind ziemlich unscheinbar. ***M. complexa*** var. ***trilobata*** trägt hübschere Blätter und ist wüchsiger, aber von gepflegterer Wuchsform. ***M. complexa*** **'Nana'** fühlt sich auf jedem Boden wohl, gedeiht aber am besten in durchlässigen Sandböden. Die völlig winterharte Pflanze kann bei Vollsonne oder im Schatten kultiviert werden.

MUEHLENBECKIA AXILLARIS

PARTHENOCISSUS

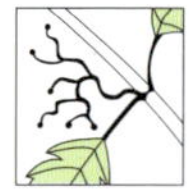

Parthenocissus quinquefolia 🏆 (Jungfernrebe) ist an der Ostküste der USA heimisch. ***P. quinquefolia*** 🏆 (Gewöhnliche Jungfernrebe; Wilder Wein) ist eine völlig winterharte, sommergrüne, verholzende Kletterpflanze, die bis zu 15 m hoch werden kann. Sie bedeckt Bäume und Gebäude problemlos, indem sie sich mit ihren Haftscheiben festhält. Die fünffach gelappten Blätter sind im Frühjahr zart grün und färben sich im Herbst zu einem auffallenden Karminrot. Die Pflanze lässt sich fast in jedem Boden bei Sonne oder im Schatten problemlos ziehen. ***P. henryana*** 🏆 ist nicht ganz so winterhart und so starkwüchsig. Ihre silberfarbenen Blattadern setzen sich deutlich ab. Auch sie färbt sich im Herbst prächtig rot. ***P. tricuspidata*** 🏆 (Dreispitzige Jungfernrebe) hat efeuähnliche Blätter. Sie ist völlig winterhart und zeigt im Herbst eine lebhafte Färbung. Der Rückschnitt erfolgt im Herbst oder Frühwinter.

PARTHENOCISSUS TRICUSPIDATA 🏆

PASSIFLORA

Passiflora caerulea 🏆 (Blaue Passionsblume) ist eine starkwüchsige, frostharte, immergrüne Kletterpflanze. In wirklich kalten Regionen kann sie die Blätter abwerfen und bis zum Wurzelstock absterben, treibt aber wieder aus. Im Garten sollte die Passionsblume am besten an einer Mauer wachsen. In einem durchlässigen, fruchtbaren Boden an einem warmen, geschützten Standort kann sie über 12 m hoch werden. In kalten Gegenden wird der Wurzelstock mit Stroh abgedeckt. Die Blätter sind gewöhnlich fünffach gelappt und dunkelgrün, die Blüten bläulich weiß bis violett. Die Blüten erscheinen im Hoch- bis Spätsommer, ihnen folgen blassgelbe bis violettschwarze Früchte, die bei manchen Arten essbar sind (allerdings nicht bei *P. caerulea*). **'Constance Elliot'** 🏆 blüht weiß. Die meisten Arten sind nicht winterhart und eignen sich für Wintergärten oder werden im Topf an Gerüsten kultiviert. Schnitt im Frühjahr.

PASSIFLORA CAERULEA 🏆

Pileostegia

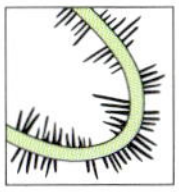

Pileostegia viburnoides 🏆 ähnelt in mancher Hinsicht der Kletterhortensie, mit der sie verwandt ist. Die winterharte, immergrüne, selbstklimmende Kletterpflanze aus China hält sich mit Hilfe von Haftwurzeln am Untergrund fest, sollte aber eine Stützhilfe bekommen, damit sie nicht kopflastig wird und sich von der Mauer ablöst. Die Blätter sind lang, dick und von einem glänzenden Grün; sie bilden einen schönen Hintergrund für die flachen, cremeweißen Blütenstände. Diese erscheinen im Sommer und halten bis in den Herbst. Die Pflanze gedeiht am besten bei etwas Sonne. Zwar fühlt sie sich auch ohne Sonne wohl, bringt dann aber weniger Blüten hervor. Sie bevorzugt einen fruchtbaren, Feuchtigkeit speichernden, sauren Boden, wo sie bis zu 5 m hoch werden kann. ***Pilostegia*** überrankt beispielsweise alte Baumstümpfe sehr dekorativ. Bei Bedarf wird im Frühjahr zurückgeschnitten, um die Form zu erhalten.

PILEOSTEGIA VIBURNOIDES 🏆

Plumbago

Die Bleiwurz ist eine so bekannte Pflanze, dass man sich oft auf die klassisch blauen Blüten bezieht, um die anderer Pflanzen zu beschreiben. Die robuste, problemlose, bedingt winterharte und immergrüne Pflanze mit schlanken Trieben hat ovale, hellgrüne Blätter. Die Blüten sind blass himmelblau mit einem Hauch von Grau und erscheinen den ganzen Sommer über in Dolden an den Enden verzweigter Triebe. ***Plumbago auriculata*** 🏆 ist ein stark kriechender Strauch, der sich selbst kaum stützen kann und einen Hügel aus überhängenden Trieben bildet, wenn er nicht erzogen wird. Die Bleiwurz kann 3–6 m hoch wachsen und wird in frostgeschützten Gärten oft an einem Bogen oder einer Mauer kultiviert. Sie kann auch als Hecke oder in Kübeln auf Terrassen wachsen. ***Plumbago*** eignet sich für die meisten Böden, braucht aber Vollsonne. In kühleren Klimaten sollte diese Pflanze in einem kalten Gewächshaus überwintern. Regelmäßiger Schnitt fördert längere Blühzeit.

PLUMBAGO AURICULATA 🏆

Rhodochiton

Rhodochiton atrosanguineus 🏆 (Rosenkelch) ist eine nicht winterharte, immergrüne, mehrjährige Pflanze, die in gemäßigten Zonen einjährig kultiviert wird. Sie kann 2–3 m hoch werden und wächst bei Vollsonne oder im Halbschatten in jedem fruchtbaren Boden. Rosenkelch eignet sich gut für einen Innenhof oder für Wintergärten, lässt sich aber auch an Bogen oder Säulen ziehen. Die herzförmigen Blätter können rot umsäumt sein. Gewöhnlich sommerblühend, können die Blüten unter idealen Bedingungen das ganze Jahr erscheinen. Jede Blüte besteht aus einem charakteristischen rosenroten Kelch, aus dem eine dunkelrote, samtige Blütenröhre herausragt. Um die Pflanze mehrjährig zu kultivieren, muss sie im Topf überwintern und möglichst trocken stehen, um Stängelfäule vorzubeugen. Schneiden Sie die Pflanze im Frühjahr bis auf ein Hauptgerüst zurück.

RHODOCHITON ATROSANGUINEUS 🏆

ROSEN (*ROSA*)

Climber- und Ramblerrosen sind halbimmergrüne oder sommergrüne Kletterrosen. Sie brauchen unbedingt eine Kletterhilfe.

Ramblerrosen

Ramblerrosen bilden lange, überhängende Triebe, die manchmal bis zu 4 m im Jahr wachsen. Sie blühen nur ein Mal im folgenden Frühjahr an den Seitenzweigen dieser Triebe. Wenn sie frei wachsen, formen sie ein undurchdringliches Dickicht, oft mit zahlreichen toten Trieben in der Mitte. An einer Pergola oder einem großen Obelisken können die alten Blütentriebe nach dem Flor und nach dem Anbinden neuer langer Triebe ausgelichtet werden. ***Rosa*** **'Albertine'** ♀ hat kupferfarbene Knospen, die sich zu duftenden, lachsrosa Blüten öffnen. **'Crimson Shower'** ♀ bildet im Hochsommer eine Kaskade aus schönen roten Blüten. **'Sander's White Rambler'** ♀ ist

'CRIMSON SHOWER' ♀

'SANDERS' WHITE RAMBLER' ♀

eine schöne, duftende Rose. Zu den hochwüchsigen Rosen zählen **'Frances E. Lester'** ♀, die rosa angehauchte weiße, duftende Blüten mit gelben Staubgefäßen hat, **'Rambler Rector'** ♀ und **'Wedding Day'**, zwei ausgezeichnete weiße Duftrosen, sowie **'Treasure Trove'** mit duftenden, aprikosenfarbigen Blüten, die anfangs purpurn getönt sind.

Climberrosen

Diese Rosen sind meist von aufrechtem Wuchs und besitzen stärkere Triebe als die Ramblerrosen. Viele sind öfter blühend. Sie werden zwischen Spätherbst und Vorfrühling bis auf ein dauerhaftes Gerüst aus Zweigen zurückgeschnitten. Manche zeigen eine ähnliche Wuchsform wie die Ramblerrosen und sind genauso starkwüchsig. Dazu zählen einige herrliche Rosen wie **'Maigold'** ♀ mit einer Fülle von bronzegelben Blüten im Frühsommer und dunkelgrünem Laub, **'Madame Grégoire Staechlin'** ♀ mit rosa Blüten und dunkelgrünen Blättern und **'New Dawn'** ♀, die kräftige, glänzend grüne Blätter und hellrosa Duftblüten trägt und an einem Zaun erzogen werden kann. Zu den aufrecht wachsenden Climberrosen, die sich für Säulen eignen, gehören zwei kräftige, einfach bis halb gefüllte, rote Rosen: **'Dortmund'** und **'Parkdirektor Riggers'** mit feinem Laub, das gegen Krankheiten resistent ist. **'Climbing Lady Hillingdon'** ♀ hat kupferfarbenes junges Laub und duftende, tief aprikosengelbe Blüten mit einem feinen Duft. **'Climbing Etoile de Hollande'** ♀ bringt tiefrote Blüten mit einem zarten Duft hervor. Wie die Teehybriden sollten auch diese Rosen am besten im Spätwinter oder zeitigen Frühjahr geschnitten werden.

All diese Rosen stellen ähnliche Ansprüche. In einem fruchtbaren, humosen Boden fühlen sie sich wohl, wenn sie zu Beginn der Wachstumsphase reichlich Wasser bekommen.

'ALBERTINE' ♀

Rubus

Diese Zierformen sind verwandt mit den essbaren Kulturformen der Brombeere und Himbeere. Sie können über Sträucher und zwischen Bäumen klettern, an denen sie sich mit Hilfe ihrer kräftigen Dornen festhalten. Im Garten lassen sie sich an Drahtsystemen oder Mauern erziehen und müssen mit Garn an der Stütze festgebunden werden. Alle Formen wachsen problemlos in der Sonne oder im Schatten auf jedem angemessenen Boden. Die Triebspitzen bilden oft Wurzeln, sobald sie Bodenkontakt bekommen. ***Rubus phoenicolasius*** (Japanische Weinbeere; Rotborstige Himbeere) ist mit roten Dornen bedeckt und trägt im Spätsommer rote, klebrige und säuerlich schmeckende Früchte. ***R. henryi*** ist sehr wuchskräftig, wird bis zu 5 m hoch und trägt dunkelgrüne Blätter mit weiß filziger Unterseite. Schneiden Sie ***Rubus*** im Spätwinter oder im zeitigen Frühjahr, um den Austrieb zu fördern.

RUBUS HENRYI VAR. *BAMBUSARUM*

Schisandra

Schisandra grandiflora var. ***rubriflora*** (Rot blühendes Spaltkölbchen) ist ein sommergrüner, windender Strauch, der bis zu 6 m hoch wächst und hauptsächlich wegen seiner hübschen roten Blüten kultiviert wird, die von Spätfrühling bis Sommer erscheinen. Als Knospen hängen sie einzeln von den Blattachseln herab. Die Kultur wegen der Früchte lohnt sich ebenfalls. Männliche und weibliche Blüten stehen getrennt auf der gleichen Pflanze, manchmal aber auch auf getrennten Pflanzen. Deshalb gibt es keine Garantie, dass der Strauch die roten, johannisbeerähnlichen Früchte bildet. *Schisandra* ist winterhart bis zu –20 °C und bevorzugt einen fruchtbaren, feuchten Boden im Halbschatten. Mann kann sie über eine Pergola, zwischen anderen Pflanzen und kleinen Bäumen oder an einer Mauer, gestützt von Drähten, erziehen. Der Rückschnitt erfolgt vom Spätwinter bis ins zeitige Frühjahr.

SCHISANDRA RUBRIFLORA

Schizophragma

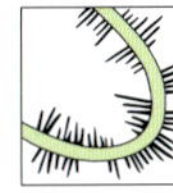

Eine Verwandte der Hortensie ist die selbstklimmende, sommergrüne und winterharte ***Schizophragma hydrangeoides*** 🏆 (Spalthortensie), die eine Mauer oder einen Baum zum Klettern benötigt. Die rundlichen Blätter sind grob gezähnt und färben sich im Herbst hellgelb. Die Blüten erscheinen im Hochsommer und stehen in flachen, spitzenartigen Doldentrauben zusammen, die von auffallenden, rautenförmigen, cremeweißen Hochblättern umgeben sind. Sie bleiben mehrere Wochen an der Pflanze. Die Spalthortensie wird bis zu 5 m hoch und hält Temperaturen bis zu –20 °C aus. Sie braucht etwas Sonne, damit die Blüten sich von ihrer besten Seite zeigen, und einen guten, humusreichen Boden. Weniger starkwüchsige Formen sind **'Roseum'** (mit rosa gefärbten Hochblättern) und **'Moonlight'** (mit gefleckten Blättern, die silbergrau geädert sind). ***S. integrifolium*** 🏆 wird höher, wächst aber langsamer. Falls nötig, wird nach der Blüte geschnitten.

SCHIZOPHRAGMA INTEGRIFOLIUM 🏆

Solanum

Nachtschatten sind genau genommen Sträucher, werden aber fast immer wie Kletterpflanzen kultiviert, denn sonst würden sie lockere Hügel bilden (sie können auch auf diese Weise wachsen). Die meisten brauchen den Schutz einer Mauer, und die kriechenden Triebe sollten am besten an Drahtsystemen oder an einem Spalier festgebunden werden. Sie sind winterhart bis zu –20 °C und fühlen sich in nicht zu fruchtbaren und alkalischen Böden am wohlsten, wo sie bis zu 5 m hoch werden. ***S. crispum*** (verwandt mit der Kartoffel und in Chile und Peru heimisch) hat überhängende, kriechende, halbimmergrüne Triebe, die im Frühsommer große Büschel duftender, hellvioletter Blüten mit orangefarbenen Staubgefäßen tragen. Herausragend ist ***'Glasnevin'*** 🏆: Die Blüten dieser Sorte haben eine satte Farbe und erscheinen lange Zeit. ***S. laxum*** trägt duftende, blaue Blüten, ist aber nur bedingt winterhart.

Solanum crispum 'Glasnevin' 🏆

Sollya

Sollya heterophylla ist eine kleine, schlanke, windende, immergrüne Kletterpflanze aus Australien und eignet sich für gut geschützte Standorte in mildem Klima. Der Boden sollte durchlässig, feucht, kalkfrei und reich an organischem Material sein. Die Pflanze wird 2–3 m hoch und trägt kleine, zarte Blätter und im Sommer Büschel nickender, 1 cm langer Glockenblüten von einem schönen Himmelblau. Obwohl *Sollya* frosthart ist, leidet sie in der Kälte und sieht dann ungepflegt aus. Wenn man die Pflanze an einem Obelisken oder an einer Säule im Kübel kultiviert, in einem warmen Gewächshaus bei 10 °C überwintert und ihr im Sommer einen Sonnenplatz im Freien zuweist, kann man die Blühdauer verlängern. Bei Gefäßkultur braucht die Pflanze ein durchlässiges, kalkfreies Substrat mit etwas Lehm. Geschnitten wird nur für gepflegtes Aussehen im Frühjahr, wenn der Austrieb beginnt. Es gibt auch eine rosa blühende Form.

Sollya heterophylla 🏆

Thunbergia

Thunbergia alata, besser bekannt als Schwarzäugige Susanne, hat sehr dekorative orangegelbe Blüten mit schwarzer Mitte. Die winterharte, immergrüne, mehrjährige Kletterpflanze ist in Südafrika beheimatet und blüht fast das ganze Jahr, wenn sie über 10 °C gehalten wird. Die Schwarzäugige Susanne hat weiche, behaarte Triebe, die in einer Saison bis zu 2 m wachsen und herzförmige Blätter tragen. Die Blütenfarbe variiert von Weiß bis zu Gelbtönen. **'Moonglow'** ist von leuchtender Pfirsichfarbe. **'Molly'** ist eine Hybride mit buttergelben Blüten. In kalten Gegenden muss *T. alata* im Wintergarten wachsen oder einjährig kultiviert werden, und zwar im Kübel an einem Gerüst aus Stäben oder in einer Rabatte inmitten von anderen Pflanzen. Gesät wird im Frühjahr in einem beheizten Gewächshaus oder auf dem Fensterbrett. Der Rückschnitt erfolgt nach der Blüte.

Thunbergia alata

WICKEN (*LATHYRUS*)

Winterharte Stauden
Die mehrjährigen Wicken klettern mit Hilfe ihrer Ranken und können an Drahtsystemen, Kletterzelten, Hecken oder Sträuchern erzogen werden. Man kann die Pflanzen auch über den Boden kriechen und einen Hügel bilden lassen. Die Blüten sind rosaviolett, oft zu mehreren an einem Stiel, und erscheinen den ganzen Spätsommer. In heißen Sommern oder in trockenen Gegenden bevorzugt die Pflanze etwas Schatten und Feuchtigkeit. ***Lathyrus latifolius*** 🏆 (Staudenwicke) ist völlig winterhart

LATHYRUS LATIFOLIUS 🏆

und wird 2 m hoch. Sie hat geflügelte Blattstiele und Triebe. **'White Pearl'** 🏆 und **'Albus'** 🏆 haben besonders große, weiße Blüten. **'Rosa Perle'** bildet rosa Blüten.

Einjährige Wicken
L. odoratus 🏆 (Duftwicke) ist eine sehr bekannte, völlig winterharte, einjährige Kletterpflanze, die bis zu 2 m hoch

LATHYRUS ODORATUS
BIJOU GROUP

werden kann. Sie wird wegen ihrer duftenden Blüten kultiviert, die in vielen Farben erscheinen. Der Duft einer Vase voller Duftwicken erfüllt den ganzen Raum. Das Abschneiden der Blüten regt die Pflanze an, weitere Blüten zu bilden. Werden sie nicht abgeschnitten, setzt die Pflanze früh Samen an und stellt die Blütenbildung ein. Die Duftwicke wächst am besten in fruchtbaren Böden mit viel organischem Material und Feuchtigkeit und kann an Mauern, Kletterzelten oder Schnüren erzogen werden. Säen Sie im Herbst einen oder zwei Samen in einen 9-cm-Topf mit Anzuchterde. In Gegenden mit strengen Wintern kommen die Samen ins kalte Gewächshaus oder in ein Frühbeet. Im zeitigen Frühjahr werden die Duftwicken ausgepflanzt oder direkt auf einem gut vorbereiteten Boden ausgesät. Die Pflänzchen müssen vor dem Auspflanzen abgehärtet werden.

TRACHELOSPERMUM

Trachelospermum jasminoides 🏆 (Sternjasmin) zählt zu den besten Allround-Kletterpflanzen. Die frostharte, immergrüne, verholzte und windende Pflanze wird bis zu 6 m hoch. Die dunkelgrünen, glänzenden Blätter sind ledrig, oval und laufen spitz zu. Die weißen Blüten ähneln in ihrer Form denen des Immergrüns, duften wie Jasmin und erscheinen im Hochsommer. Der Wuchs ist ganz dicht, so dass Sternjasmin sich an einer Hauswand in der Nähe eines Torwegs gut erziehen lässt, wo man die schöne Erscheinung und den Duft genießen kann. Der Sternjasmin benötigt eine Stütze, wenn er an einer Mauer wächst. Er mag einen durchlässigen Boden, der nicht zu alkalisch ist, und sollte vor kalten Winden geschützt werden, gedeiht aber auch in Küstennähe. An einer warmen Mauer bei Vollsonne erzielen Sie die besten Ergebnisse. Eine attraktive, aber weniger wüchsige panaschierte Form hat cremefarbene Zeichnungen auf den Blättern.

TRACHELOSPERMUM JASMINOIDES 🏆

REBEN (*VITIS*)

Zierformen

Vitis coignetiae 🏆 (Rostrote Rebe) ist eine sommergrüne, winterharte Kletterpflanze, die ursprünglich aus Japan stammt. Die Blätter sind bis zu 12 cm lang, an der Basis herzförmig und an der Spitze schmäler. Im Sommer erscheinen sie dunkelgrün mit rostroter filziger Unterseite. Im Herbst verfärbt sich das Laub in Schattierungen von Orange, Zinnoberrot und Weinrot. Da sie bis zu 20 m hoch werden kann, muss diese Rebe mit Bedacht gepflanzt werden. Sie verträgt durchaus einige Frostgrade. ***V. amurensis*** (Amurrebe) wächst bis zu 10 m hoch und ähnelt *V. coignetiae*. ***V. davidii*** hat große, strukturierte Blätter und weiche, fleischige Dornen. ***V. aestivalis*** klettert an Bäumen bis zu 8 m hoch.

Weinrebe

Die Weinrebe (***Vitis vinifera***) ist völlig winterhart und langlebig. Obwohl die Pflanzen im Weinbau auf nährstoffarmen, trockenen und sandigen Böden kultiviert werden, sollten Weinreben im Garten besser in tiefgründige, sandige Lehmböden in vollsonniger Lage gepflanzt werden. Weinreben können bis zu 7 m hoch werden. Um Früchte zu bilden, sollten sie an Spalieren erzogen werden; das erleichtert die Pflege. Es gibt Hunderte von Varietäten – manche für den Weinbau und andere für den Obstanbau. Die beliebtesten unter den Weintrauben sind ***V. vinifera* 'Black Hamburgh'** und **'Brandt'** 🏆. Zu den schönsten Zierformen gehört ***V. vinifera* 'Purpurea'** 🏆 mit grauen Blättern, die sich im Sommer purpurn und im Herbst weinrot färben. ***V. vinifera* 'Incana'** bildet wollige, weiße Triebe und Blätter. Beide Sorten tragen kleine Dolden violetter Früchte. Schnitt Mitte Winter.

VITIS VINIFERA 'PURPUREA' 🏆

VITIS COIGNETIAE 🏆

TROPAEOLUM

Die Gattung ***Tropaeolum*** (Kapuzinerkresse) umfasst sommergrüne, krautige, mehrjährige Kletterpflanzen und die einjährige, nicht winterharte Große Kapuzinerkresse (***T. major***). Die mehrjährigen Formen entwickeln sich meist aus fleischigen Knollen. Das frostharte ***T. speciosum*** 🏆 braucht einen kühlen, torfhaltigen Wurzelbereich, damit die zarten Triebe mit den sattgrünen, gelappten Blättern an Sträuchern oder Mauern klettern und bis zu 3 m hoch werden können. Die kleinen, scharlachroten Blüten erscheinen im Sommer wochenlang. Diese Pflanze wächst sehr gut in sauren Böden auf der Schattenseite von immergrünen Sträuchern wie Rhododendron oder von Eibenhecken, wo die roten Blüten sich deutlich abheben. Das frostharte ***T. polyphyllum*** bevorzugt warme Lehmböden, wo es zwischen anderen Pflanzen bis zu 1 m hoch klettern kann. Im Frühsommer erscheinen leuchtend gelbe Blüten.

TROPAEOLUM SPECIOSUM 🏆

Tweedia

Tweedia caerulea 🏆 ist eine schlanke, immergrüne, windende Kletterpflanze. Sie trägt schöne, schmale, zart graugrüne Blätter, die fein filzig behaart sind. Die Blüten erscheinen im Sommer und sind von einem ungewöhnlichen Azurblau mit einem Hauch von Grün oder Türkis. Die fünfzähligen und sternförmigen Blüten werden durch das Laub hervorragend ergänzt. Sie sind langlebig, verblassen aber später zu einem hellen Lila. Die kleine, bedingt winterharte Pflanze wird nur 1 m hoch. In Gegenden mit mildem Klima kann ***Tweedia*** im Freien an einem sonnigen, offenen Platz wachsen. Sonst sollte sie in einem frostfreien Gewächshaus oder im Topf kultiviert werden und im Sommer draußen an der Sonne stehen, wo sie bis Herbst blüht. Für Gefäßkultur eignet sich ein Substrat aus etwas Lehm und reichlich Tonscherben, um die Durchlässigkeit zu erhöhen. Der Rückschnitt erfolgt im zeitigen Frühjahr.

TWEEDIA CAERULEA 🏆

GLYZINE (*WISTERIA*)

Die Glyzine oder der Blauregen ist eine der schönsten Kletterpflanzen. Die sehr starkwüchsige, völlig winterharte, sommergrüne Pflanze wird windend bis zu 30 m hoch und zeichnet sich durch ihre eleganten, hängenden Trauben aus duftenden, violettblauen Blüten aus. Die beiden bekanntesten Arten sind ***Wisteria floribunda*** (Langtraubige Glyzine) aus Japan, die rechtswindend wächst, und ***W. sinensis*** (Chinesische Glyzine) aus China, die sich linksherum windet. In vieler Hinsicht sind sich die beiden Arten ähnlich. Die Chinesische Glyzine umfasst Sorten mit den längsten Blütentrauben. Die Pflanze bevorzugt einen tiefgründigen, nährstoffreichen und humosen Boden, der durchlässig ist, aber ausreichend Feuchtigkeit speichert. Wenn sie richtig eingewachsen ist, verträgt sie auch Trockenheit. Glyzinen brauchen eine sehr stabile Kletterhilfe, wenn sie an Hausmauern wachsen.

WISTERIA FLORIBUNDA

WISTERIA BRACHYBOTRYS 'SHIROKAPITAN'

Glyzinen im Garten

Von beiden Arten gibt es viele Sorten, die weiße, rosa und auch tiefer purpurblaue Blüten haben. ***F. floribunda* 'Multijuga'** 🏆 trägt lange Blütentrauben. ***W. brachybotrys* 'Shirokapitan'** ist nicht sehr bekannt und trägt kürzere Trauben. Die weißen Blüten öffnen sich einige Wochen früher als die von ***W. sinensis***. Obwohl sie im Winter die Blätter verlieren, können alte Exemplare sehr dekorativ aussehen. Die Glyzine kann an einem einzelnen, sehr starken Pfahl als Hochstamm erzogen werden. Die Pflanze darf sich zwei oder drei Mal um diese Stütze winden und in einer Höhe von 2–3 m verzweigen, wo eine überhängende Krone von 4 m Durchmesser entsteht. Der Rückschnitt erfolgt in der Wintermitte und im Sommer nach der Blüte.

Register

Halbfett gesetzte Seitenzahlen verweisen auf Abbildungen.

DANK

Bildrecherche: Anna Grapes, Mariana Sonnenberg
Bildredaktion: Richard Dabb
Illustrationen: Claire Pegrum
Register: Chris Bernstein

Der Verlag Dorling Kindersley bedankt sich bei: allen Mitarbeitern der RHS, besonders Susanne Mitchell, Karen Wilson und Barbara Haynes (Büro Vincent Square). Dank auch an Joanna Chisholm für Lektoratsassistenz.

Studio Cactus bedankt sich bei: Alison Bolus, Sue Gordon und Kate Hayward für Lektoratsassistenz; Lesley Malkin für Korrekturlesen; Claire Pegrum, Ann Thompson und Laura Watson für Designassistenz. Dank auch an Mr und Mrs Lunn, Mr und Mrs Rudd und Mr und Mrs Trown für die Benützung ihrer Gärten.

Bildnachweis
Der Verlag dankt folgenden Fotografen für die Überlassung von Bildmaterial:
(Abkürzungen: o = oben, M = Mitte, u = unten, l = links, r = rechts)
Neue Fotos von Damien Moore von Studio Cactus
Jonathan Buckles: 73uM
Garden Picture Library: Friedrich Strauß 20 ul, 21ol; Lamontagne 70ol
John Glover: 24Or, 24ul
Jacqui Hurst: 3ul, 3ur, 8ur, 9ol, 11ol, 12ul, 14ul, 16ul, 19o, 71ur, Innenklappe hinten M
Andrew Lawson: 13ol
Henry Smith Collection: 7ul, 15ol, 59ur, 61ur, 64ul, 65ur, 66oM, 69ul